Astrid Lindgren
Britt-Mari erleichtert ihr Herz

Dieser Band ist auf 100% Recyclingpapier gedruckt. Bei der Herstellung des Papiers wird keine Chlorbleiche verwendet.

Die Autorin:

Die Schwedin Astrid Lindgren, bekannt vor allem durch ihre ›Pippi-Langstrumpf‹-Bände, hat sich die Herzen vieler Kinder in aller Welt mit ihren Büchern erobert. Sie wurden in etwa 23 Sprachen übersetzt, die Weltauflage liegt bei über 12 Millionen Exemplaren. Unter anderem wurde Astrid Lindgren ausgezeichnet mit dem Deutschen Jugendliteraturpreis (Sonderpreis), dem Schwedischen Staatspreis für Literatur und mit dem Internationalen Jugendbuchpreis, der Christian-Andersen-Medaille‹. 1978 erhielt sie den Friedenspreis des Deutschen Buchhandels, und 1985 verlieh ihr die schwedische Regierung zum 78. Geburtstag den Orden ›Illis Quorum‹, einen der vornehmsten Orden des Landes. Außerdem ist sie die erste Trägerin des neuen Leo-Tolstoi-Preises, der außergewöhnliche Beiträge zur Verteidigung der Kindheit würdigt. 1990 erhielt sie die vom russischen Schriftstellerverband vergebene ›Medaille der vier Mädchen‹, 1993 den ›International Book Award‹ der UNESCO. Viele Bücher Astrid Lindgrens stehen in der Auswahlliste zum Deutschen Jugendliteraturpreis.
Hier einige ihrer bekanntesten Titel: ›Pippi Langstrumpf‹, ›Die Kinder aus Bullerbü‹, ›Karlsson vom Dach‹, ›Lotta zieht um‹, ›Mio, mein Mio‹, ›Ferien auf Saltkrokan‹, ›Michel in der Suppenschüssel‹, ›Die Brüder Löwenherz‹, ›Das entschwundene Land‹, ›Ronja Räubertochter‹, ›Der Räuber Assar Bubbla‹, ›Nein, ich will noch nicht ins Bett!‹ und ›Als der Bäckhultbauer in die Stadt fuhr‹.
Bücher von Astrid Lindgren bei dtv junior: siehe Seite 4

Astrid Lindgren

Britt-Mari
erleichtert ihr Herz

Aus dem Schwedischen von Else v. Hollander-Lossow

Deutscher
Taschenbuch
Verlag

Titel der Originalausgabe: Britt-Mari lättar sitt hjärta

Von Astrid Lindgren sind außerdem bei dtv junior lieferbar:
Madita, Band 7021
Rasmus, Pontus und der Schwertschlucker, Band 7005
Kati in Amerika–Italien–Paris, Band 7239
Kerstin und ich, Band 7358

In der Reihe dtv junior Lesebär:
Nils Karlsson-Däumling (große Druckschrift),
Band 7553
Polly hilft der Großmutter (große Druckschrift),
Band 7597
Der Räuber Fiolito (große Druckschrift),
Band 75010
Die Kinder im Dschungel (große Druckschrift),
Band 75012

Ungekürzte Ausgabe
Dezember 1980
9. Auflage Februar 1994
Deutscher Taschenbuch Verlag GmbH & Co. KG, München
Lizenzausgabe des Verlages Friedrich Oetinger,
Hamburg 1960
Umschlaggestaltung: Klaus Meyer
Umschlagbild: Claudine Huza-Marèchal
Gesetzt aus der Aldus 10/11·
Gesamtherstellung: Kösel, Kempten
Papier: ›Recycling Book-Paper‹,
Steinbeis Temming Papier GmbH, Glückstadt
Printed in Germany · ISBN 3-423-07412-4

Das Ganze fing damit an, daß ich Mamas alte Schreibmaschine erbte, ein großes, altmodisches Ungetüm, bei dessen Anblick selbst dem erfahrensten Schreibmaschinenmechaniker das Blut in den Adern gefrieren würde. So entsetzlich sieht sie nämlich aus. Wenn ich darauf schreibe, macht sie einen furchtbaren Krach. Mein Bruder Svante drückte seine Meinung darüber folgendermaßen aus:

»Britt-Mari, erinnerst du dich, wie schön es ist, wenn man plötzlich einen pfeifenden Flötkessel vom Feuer nimmt?«

»Worauf willst du eigentlich hinaus?« fragte ich.

»Nun, ungefähr zehnmal so schön ist es immer, wenn du aufhörst, auf diesem Klapperkasten herumzuhämmern«, erwiderte er mit einem verächtlichen Blick auf die Schreibmaschine.

Neidisch ist er, das ist es! Er würde sie herzlich gern selbst haben. Nicht etwa, um darauf zu schreiben, sondern um sie auseinanderzunehmen und wieder zusammenzusetzen und dann zu sehen, wieviele Schrauben übriggeblieben sind. Aber Mama findet es nützlich, daß ich mich im Maschineschreiben übe, und deshalb habe ich sie bekommen. Und darüber bin ich glücklich.

Aber es ist schon sonderbar mit Besitztümern. Sie fordern gewissermaßen etwas von uns. Hat man eine Kuh, muß man sie melken, hat man ein Klavier, muß man spielen, und – weiß Gott! – hat man eine Schreibmaschine, muß man darauf schreiben. Es ist ja klar, daß ich in den ersten Tagen wild drauflos schrieb. Aber nichts Richtiges, nur Unsinn. Schließlich merkte ich, daß es eine wahnwitzige Papierverschwendung war, wenn zum Beispiel auf einem ganzen Briefbogen nichts weiter stand als:

BRITT-MARI HAGSTRÖM,
VILLA EKELIDEN, SMASTAD

Britt-Mari Hagström, geb. 15 Juli
15. Juli 15. Juli 15. Juli

Und dann die Namen aller meiner Geschwister:

MAJKEN HAGSTRÖM, SVANTE HAGSTRÖM.
JERKER HAGSTRQM, MONIKA HAGSTRÖM

Und dann wieder mein eigener Name:

BRITT-MARI HAgSTRÖM   BRITT-MARI
HAGSTrrOM BRITT-MARI HAGström

In einem unbewachten Augenblick hatte Svante heimlich
hinzugefügt:

Ist das ein ewiges GEquassel über
Britt-MARI Hagström! Schreib doch
der Abwechslung halhber Mal Amanda
Finkvist.

Gewissermaßen hatte er ja recht. Aber warum sollte ich das
zugeben? Deshalb schrieb ich:

ACHTUNG!!! Ich schreibe, was ich
will, auf MEINER Schreibmaschine.
ACHTUNG!!!

Als ich das nächste Mal an die Maschine kam, stand auf dem
Briefbogen folgende Antwort:

Nim die Sache mit Rue

(Mein Lieber Bruder hat eine etwas eigenwillige Orthographie.)

Ich bemühte mich, es mit »Rue« zu nehmen. Am
nächsten Tage spannte ich ein neues, blütenweißes Papier in
die Maschine und begann ein nach meiner Meinung
unerhört wirkungsvolles Gedicht. Ich kam nicht über die
ersten beiden Zeilen hinaus. Sie lauteten folgendermaßen:

Ich wandere unter den Sternen
und denke so viele Gedanken

Dann mußte ich in die Schule. Als ich wieder nach Hause kam, hatte Svante meine Dichtung vollendet. Und nun stand dort:

```
Ich wandere unter den Sternen
und denke so viele Gedanken
MIR Werden die Füße so müde
und ich gehe UNd wanke wanke-n.
```

Außerdem hatte er die brutale Ermahnung hinzugefügt:

```
Denke nicht so viele Gedanken! Dein
KoPF wird Dir bloß wirrrr dafon!
```

Mir begann klar zu werden, daß die Schreibmaschine zu etwas Besserem benutzt werden konnte. Aber wozu? Hausaufsätze darf man nicht mit der Maschine schreiben. Tagebuch – *kann* man nicht mit der Maschine führen. Übrigens liegt es mir gar nicht, Tagebuch zu führen. Sich nur so einem Buch mit leerem Papier anvertrauen, das den eigenen Ergüssen nicht mal soviel wie ein »Ach!« oder »Wirklich?« entgegensetzen kann? Nein, was soll das! Ich will fühlen, daß ich zu einem lebenden Wesen spreche.

Oft habe ich davon geträumt, einmal einen »Brieffreund« zu haben, dem ich mein Herz öffnen könnte. Es müßte ein ganz fremder, geduldiger Mensch sein, der sich anhört, was man sagt, und der natürlich auch antwortet. Viele meiner Mitschülerinnen haben Brieffreunde. Einige wechseln sogar Briefe mit Freunden, die in fremden Ländern wohnen. Ich finde es wunderbar, wenn ich mir ausdenke, wie alle diese Briefe hin- und hereilen und gleichsam Fäden knüpfen zwischen Menschen an verschiedenen Orten und in verschiedenen Ländern und sie einander näherbringen.

Und als eines Tages ein Mädchen in meiner Klasse rief:
»Wer will an ein Mädchen schreiben, die Kajsa Hultin heißt und in Stockholm wohnt?« – da tat ich genau dasselbe

wie Gustaf Vasa in der Schlacht bei Brännkyrka: ich sprang vor und schrie:

»Das mache *ich*!«

Und sobald die Schule aus war, rannte ich nach Hause und setzte mich an die Schreibmaschine.

Und ich schrieb folgendermaßen:

Liebe unbekannte Brieffreundin!

Wenn Du das sein willst, meine Brieffreundin, meine ich. Ich hoffe, Du willst es. Es ist ja schon fast nicht mehr normal, keine Brieffreundin zu haben. Alle Mädchen in meiner Klasse haben eine oder mehrere und betrachten sie als eine Notwendigkeit. Ich war die einzige, die bis jetzt keine hatte. Und deshalb kannst Du wohl verstehen: Als Mariann Uddén heute vor der Geographiestunde auf eine Bank stieg und fragte, ob jemand Lust hätte, Dir zu schreiben, da stürzte ich wie ein Tiger aus dem Dschungel nach vorn. Mariann hätte Deinen Namen und Deine Adresse durch eine ihrer Brieffreundinnen bekommen, sagte sie.

Und hier hast Du mich nun! Vielleicht müßte ich mich erst einmal vorstellen: Britt-Mari Hagström, fünfzehn Jahre. Ich gehe in die Mädchenschule von Småstad.

Wie ich aussehe, fragst Du? (Das ist immer das erste, wonach ein Mädchen fragt, sagt mein Bruder Svante.) Ach, beste Kajsa, ich bin schön wie die Sünde, habe kohlschwarzes Haar, dunkle, strahlende Augen, Pfirsichhaut – »Mein Liebchen, was willst du noch mehr?«

Glaubst Du das? Dann wirst Du vielleicht erstaunt sein, wenn ich Dich davon in Kenntnis setze, daß ich mir nur, wenn ich abends in meinem Bett liege, mit aller Kraft einbilde, so auszusehen. Die Wirklichkeit ist leider nicht ganz so strahlend.

Ehrlich gesagt, habe ich ein ziemlich gewöhnliches Aussehen: gewöhnliche blaue Augen, gewöhnliches helles Haar und eine gewöhnliche kleine Stupsnase. Es gibt, soweit ich das beurteilen kann, wirklich nicht das geringste Ungewöhnliche an mir. Aber darüber sollte man wohl eigentlich gar nicht traurig sein. Stell Dir vor, man hätte ein ungewöhnliches Aussehen und das Ungewöhnliche bestünde darin, daß man eine ungewöhnlich große Warze auf der Nase oder ungewöhnlich krumme Beine hätte!

Was meine Familie betrifft – aber nein, davon kann ich das nächste Mal berichten. Es hat ja eigentlich keinen Zweck, daß ich das alles jetzt schon herausplappere, bevor ich weiß, ob Du mir wirklich auch schreiben willst.

Also: ich warte! Mit großem Eifer. Du mußt wissen, ich leide an Schreibsucht. Und meine Mama war so lieb, mir ihre alte Schreibmaschine zu schenken, weil sie selbst sich eine neue gekauft hat. Ich werde Dich also wahrscheinlich in mehr oder weniger genialen Episteln ertränken.

Es wäre herrlich, mit jemandem einen Briefwechsel zu haben, der in Stockholm wohnt. Hoffentlich braust mir aus Deinen Briefen die Großstadt entgegen. Eine kleine Stadt wie die unsere kann nicht brausen, die kann, wenn es hoch kommt, allenfalls rieseln. Aber ich verspreche: Wenn Du braust, wird es bei mir rieseln, Seite um Seite.

Alles Gute, liebe unbekannte Kajsa! Laß bald von Dir hören.

Britt-Mari

8. September

Du willst, Kajsa, Du willst!

Hurra! Ich bin so froh darüber, daß meine Finger nur so auf den Schreibmaschinentasten tanzen.

Du hast einen mächtig langen und reizenden Brief geschrieben. Jetzt weiß ich eine Menge von Dir, Deinen Eltern und Deinen Geschwistern.

Interessiert es Dich, etwas über meine Familie zu hören? Wir sind recht zahlreich und alle ziemlich verschieden. Sicher dauert es eine ganze Zeit, wenn ich alle beschreiben soll. Wenn Du müde wirst, dann schrei!

Ich beginne mit dem Oberhaupt der Familie. Mein Papa ist Direktor am Gymnasium der Stadt. Ich liebe ihn. Er ist der wunderbarste Papa auf der Welt. Ganz bestimmt. Er hat silbergraues Haar und ein junges Gesicht. Er weiß *alles*, glaube ich. Er ist ruhig. Er hat Humor. Er sitzt fast immer in seinem Zimmer und liest in seinen Büchern. Aber ab und zu beschäftigt er sich natürlich auch mit uns Kindern. Er kann Hammelbraten nicht leiden. Ja, ja. Ich will nicht behaupten, daß ihn das über die Menschheit erhebt, aber er kann Hammelbraten tatsächlich nicht *leiden*. Er ist auch nicht für Lügen, Klatsch und Kaffeetratsch. Und dann kenne ich keinen Menschen, der so zerstreut ist wie er – höchstens Mama.

Bei einem solchen Elternpaar ist es eigentlich ein Wunder, daß wir Kinder nicht schon von Geburt an Professoren sind – zumindest was die Zerstreutheit angeht. Merkwürdigerweise scheinen wir aber in dieser Beziehung ziemlich normal beschaffen zu sein.

Mama sitzt auch fast den ganzen Tag in ihrem Zimmer. Sie schreibt Maschine, als hätte sie Feuer in den Fingern. Sie übersetzt nämlich Bücher. Ab und zu überfällt sie der Gedanke, daß sie ja fünf Kinder in die Welt gesetzt hat, und mit überströmendem Mutterherzen stürzt sie sich auf uns und beginnt, nach rechts und links zu erziehen. Aber streng kann sie niemals sein, weil sie über alles, worüber man lachen kann, lacht und über noch ein wenig mehr. Sie wird überhaupt nicht nervös, wenn wir zu ihr kommen und sie in ihrer Arbeit stören. Sie würde es nicht einmal bemerken, wenn plötzlich ein Eisenbahnzug durch ihr Zimmer führe. Neulich waren zwei Handwerker da, die im Badezimmer etwas reparierten, und natürlich gab es dabei einigen Lärm. Alida fuhr mit dem Staubsauger umher, meine kleine Schwester schrie in den höchsten Tönen, und Svante, mein Bruder, tat sein Bestes, den »Donnernden Wasserfall« auf der Ziehharmonika zu spielen.

Da steckte meine große Schwester Majken ihren Kopf in Mamas Zimmer und fragte, ob sie denn bei all dem Krach arbeiten könne.

»Aber gewiß, gewiß kann ich arbeiten«, versicherte

Mama mit dem entwaffnendsten Lächeln. »Die paar Leierkastenmänner stören mich überhaupt nicht.«

Du denkst wahrscheinlich, daß in einem Heim mit einer solchen Hausfrau das wildeste Durcheinander herrscht. Aber da irrst Du Dich. Es gibt hier eine ordnende Hand und ein wachsames Auge, und diese beiden wertvollen Körperteile besitzt meine große Schwester Majken. Die ganze Schwester ist erst neunzehn Jahre alt, und doch ist sie völlig souverän, wenn es gilt, die widerspenstige Familie zu dirigieren. Sie behandelt uns alle, Mama eingerechnet, mit mütterlicher Nachsicht. Sie ist so ruhig und selbstsicher und tüchtig, daß wir uns alle sofort ihren weisen Beschlüssen beugen, soweit es sich um praktische Dinge handelt.

Wahrscheinlich *muß* die älteste Tochter in einer Familie so werden, wenn die kleine tolle Mama nur lacht und Maschine schreibt. Als Majken noch zur Schule ging, hatte Mama natürlich nicht viel Zeit, sich mit ihren Übersetzungen zu befassen. Sie mußte selbst Hausmutter sein, und sie war es auch – mit gutem Humor und schlechtem Resultat. Über verbrannte Braten und mißlungene Kuchen lachte sie. Es wird erzählt, daß Majken schon als Zehnjährige umherging und Mama an Dinge erinnerte, die noch zu tun waren. Und als für Majken die Schule der Vergangenheit angehörte, ergab es sich wie von selber, daß sie sich das Joch überstreifte und Mamas Platz als Hausfrau einnahm. Mama aber zwitscherte fröhlich an ihre Schreibmaschine.

Wie gesagt, Majken ist sehr souverän. Reizend ist sie auch, sehr reizend, und wir leben deshalb in ständiger Angst, daß einer von den Jünglingen, die ihr nachlaufen, unser Kleinod rauben könnte. Augenblicklich ist es ein kleiner Jurist, der für unsere Begriffe ein bißchen zuviel um sie herumscharwenzelt.

»Nun hat Majken einen neuen Scheich«, sagt Svante und schüttelt bekümmert den Kopf. »Wann gedenkst du eigentlich dein süßes Jawort zu stammeln, Majken, damit endlich die Hochzeitsglocken läuten können?« fragt er am Frühstückstisch.

Aber Majken schweigt in majestätischer Gelassenheit.

»Nur über meine Leiche kann er sie zum Altar schleppen«, sage ich. »Wenn sie durchaus heiraten will, dann soll sie wenigstens einen Admiral oder einen Grafen nehmen und nicht so einen kleinen, vertrockneten Juristen.«

Und nun endlich öffnet Majken den Schnabel und sagt mit sanfter Ironie:

»Kinder, wo denkt ihr hin? Ich werde niemals heiraten! Bis an das Ende meines Lebens werde ich euch die Strümpfe stopfen und euch die Nasen putzen und euch an die Schulaufgaben erinnern. Wunderbar wird das sein!«

Da sind wir natürlich ganz zerknirscht und beteuern übereifrig, daß wir sie schon morgen verheiraten werden, selbst wenn das für uns den endgültigen Zusammenbruch der Familie und für alle Zeiten angebrannte Braten bedeuten sollte.

»Gut, gut!« sagt Majken. »Aber wenn es euch euern Seelenfrieden wiedergibt, kann ich euch ja verraten, daß mich der Jurist nicht für fünf Öre interessiert.«

Und das glaube ich ihr aufs Wort. Für diesmal können wir also das Signal blasen: »Gefahr vorüber«.

Hältst Du es aus, noch mehr von der Familie Hagström zu hören? Dann will ich Dir erzählen, daß als Nummer zwei in der Geschwisterschar die Unterzeichnete erscheint.

Was soll man von sich selbst sagen? Daß ich Bücher liebe, daß ich Mathematik verabscheue, daß ich sehr gern tanze, abends aber gar nicht zu Bett will, und daß ich meine Familie vergöttere – wenn sie einem zuweilen auch auf die Nerven fällt. Dauerwellen mag ich nicht, und ich will nie welche haben. Für die Natur schwärme ich, wenn ich auf eigene Faust darin umherstreifen kann, aber nicht, wenn ich im Garten Unkraut jäten muß. Dann liebe ich noch den blauen Frühling und den warmen Sommer, den klaren Herbst und den schneeweißen Winter, wenn ich Skilaufen kann. Und es macht mir riesigen Spaß, zu schreiben, und es ist kein Ende der Schmähungen abzusehen, die ich von Svante deshalb erdulden muß.

»Ich kann keine Nacht schlafen«, sagt er. »Ich liege wach und zerbreche mir den Kopf, was wir mit all dem Geld machen sollen, wenn Britt-Mari den Nobelpreis bekommt. Versprich mir, daß ich dann einen Eishockeyschläger kriege!«

»Du kannst sofort einen Eishockeyschläger haben, wenn du deinen Mund nicht hältst«, sage ich, »aber dann nur an deinen Schädel!«

Wahrscheinlich hast Du aus obigem bereits gewisse Schlüsse ziehen können, wie Svante geartet ist. Ich brauche also nur noch zu ergänzen, daß der Jüngling vierzehn Jahre alt und die faulste von Gottes Kreaturen ist, wenn es sich um Schularbeiten handelt. Aber er ist ungewöhnlich ausdauernd und fleißig beim Ziehharmonika-Spielen und beim Fußball, unermüdlich beim Lesen seiner Abenteuerbücher und geradezu genial, wenn es darum geht, seine Geschwister zu necken oder das Zähneputzen zu vergessen.

Aber er hat Humor. Von meinen Geschwistern ist er derjenige, den ich am meisten verprügelt und geliebt habe, vielleicht weil wir fast gleichaltrig sind. Das mit dem Verprügeln ist etwas übertrieben. In den letzten zehn Jahren unseres Lebens war er leider stärker als ich. Aber Du weißt, man tut, was man kann, und unzählig sind die Kämpfe, die wir miteinander ausgefochten haben. Geht es gegen andere, halten wir immer zusammen, und es gab eine Zeit, da Adlerauge und Falkenauge vom gefürchteten Stamm der Sioux wirklich ein Schrecken für alle anderen Indianer in diesem Teil der Stadt waren. Wenn wir die Streitaxt ausgruben, erzitterten unsere Feinde, wie zum Beispiel der Schleichende Käse und die Bibbernde Dickmilch, in ihren Grundfesten.

Unter uns gesagt: ich halte immer noch viel von Svante. Aber man darf es ihn nicht allzu deutlich merken lassen, er würde sonst eine zu hohe Meinung von sich bekommen – und das könnte ihm schaden.

Wahrscheinlich waren Svante und ich in unserer zarten Kindheit eine so große Plage für unsere Eltern, daß sie meinten, jetzt hätten sie für eine Weile genug Kinder. Jedenfalls dauerte es nach Svantes Geburt volle sieben Jahre bis zu Jerkers Auftreten. Jetzt ist er also sieben Jahre alt und hat gerade in diesen Tagen mit der Schule begonnen.

Bis vor kurzem wohnten er und Svante gemeinsam in einem Zimmer, aber als Svante eines Tages eine tote Ratte in seinem Bett fand, schlug er Krach. Die Ratte war sozusagen der Tropfen, der den Becher zum Überlaufen brachte. Du mußt nämlich wissen: Jerker hat den Sammelwurm, und er hatte das Zimmer mit sonderbaren Steinen, Katalogen, Angelhaken, Froschlaich, Borke zum Booteschnitzen, Briefmarken und, wie gesagt, auch manchmal mit der einen oder anderen toten Ratte vollgestopft.

Das Ergebnis war: Er erhielt – ich will nicht so weit gehen, zu sagen: ein eigenes Zimmer, aber doch ein eigenes Kämmerchen. Er wurde nämlich in einem winzigen Raum untergebracht, der früher als Rumpelkammer für allen möglichen Kram gedient hatte, und man kann, ohne zu lügen, behaupten, daß sich nicht viel änderte, denn Jerker hat jetzt alle seine Schätze dort gelagert und ist restlos glücklich. Solange dort niemand sauber macht. Vom Reinemachen hält Jerker nicht viel. Er hat ein Schild an seiner Tür befestigt, darauf steht geschrieben:

Bleibt draußen oder ich schieße
Der Rächer

Aber auch an Svantes Tür hängt jetzt ein Schild:

Zutritt mit toten Ratten verboten!

15

Stell Dir vor: Der kleine begabte Jerker hat sich das Lesen und Schreiben auf eigene Faust beigebracht. Und in einer alten Zuckerkiste, die zu einem Bücherregal umgearbeitet ist, verwahrt er seine literarischen Kleinodien: ›Hänschen im Blaubeerwald‹, ›Die Katzenreise‹ und vor allem natürlich das geliebte ›Pu, der Bär‹, das übrigens *das* Vorlesebuch der Familie Hagström ist.

Von Jerker ist noch zu sagen, daß er zur Zeit bezaubernd zahnlos herumläuft. Er ist, wie gesagt, neulich das erste Mal zur Schule gegangen, und Du hättest ihn sehen sollen, als er loszog: Dieser Eifer, diese Erwartung und diese Munterkeit, die all die Kleinen für meinen Begriff so unwiderstehlich macht, wenn sie sich für den ersten Schultag rüsten! Arme Kinder – sie ahnen ja nicht, daß sie von diesem Tag an nicht eine freie Stunde mehr haben, bevor sie pensioniert werden!

Jetzt darfst Du bald ausatmen, denn es bleibt nur noch ein kleines unnützes Wesen übrig, das vorgestellt werden soll. Es wurde vor dreieinhalb Jahren geboren und heißt Monika. Als Säugling schrie sie unaufhörlich, so daß Svante meinte, es sei an der Zeit, endlich einen Anschlag mit dem Hinweis für den Storch zu machen: Geschwisterschar vollzählig!

Monika schreit längst nicht mehr, aber dafür ist sie unsäglich verwöhnt. Sie wickelt die ganze Familie um den süßesten kleinen Finger, den Du jemals gesehen hast. Finde *ich* natürlich. Aber ich beginne allmählich zu glauben, daß mir meiner Familie gegenüber der kritische Sinn fehlt.

Bleibt nur noch hinzuzufügen, daß wir in einem Haus wohnen, das nicht neu und elegant, aber sehr gemütlich ist. Und dann haben wir einen großen, alten, wundervollen Garten. Wenn man nicht Unkraut jäten muß. Aber man muß! Na schön...

Ja, ja, ich *werde* schließen! Leb wohl, Kaj – – oh, oh, oh, ich habe das Wichtigste vergessen: Alida! Kajsa, Kajsa, was wären die Hagströms ohne Alida! Sie ist bei uns, seit Majken geboren wurde, und daß wir trotz allem, ehe Majken die Zügel ergriff, gutes Essen bekamen, ist sicher nur Alidas Verdienst. Mindestens einmal im Monat bricht sie in bittere Tränen aus und beteuert, daß sie am Ersten gehen wird. Ihr Herz halte es nicht mehr aus, »in einer Menagerie zu leben«. Aber das dauert gewöhnlich nicht länger als eine halbe Stunde. Eine halbe Stunde, während der Mama und Majken bitten und betteln und schmeicheln, bis Alida wieder ihr fröhliches Lieblingslied hören läßt:

> Auf Oleannens Grabe
> da blüht ein Blümchen scheu.
> Das Blümchen soll bedeuten:
> Das Mädchen hier war treu.

Und treu, treu ist Alida, bestimmt!

Drei Personen gibt es, mit denen ich Mitleid habe: mit mir selbst, weil ich das Porto für diesen Brief zu zahlen habe, mit dem Briefträger, weil er ihn zu Dir schleppen muß, und mit Dir, Du Ärmste – denn Du sollst ihn sogar lesen!

Versuch auf alle Fälle, es zu überleben, und schreib an

Britt-Mari

20. September

Liebe Kajsa, einen schönen guten Tag!

Kannst Du raten, wie spät es ist? Halb sieben am Morgen!

Und es ist ein Morgen, blank, klar und strahlend wie am ersten Schöpfungstag. Das ganze Haus schläft, aber ich bin schon seit fünf Uhr wach. Ich schreibe diesen Brief am Tisch unter dem Ahorn in unserem Garten. Ringsumher blühen Phlox und späte Rosen in verschwenderischer Fülle. Es ist eine beinahe nicht zu verantwortende Farbenpracht, und ich bekomme, wenn ich mich umsehe, eine Gänsehaut vor Entzücken.

Weißt Du, was ich ganz wundervoll finde? Bist Du, als

Du noch richtig klein warst, an einem schönen Herbstmorgen einmal als Allererste im Haus aufgewacht und dann in den Garten gegangen, um nachzusehen, ob in der Nacht Äpfel heruntergefallen sind? Das habe ich oft getan, sehr oft, und ich besinne mich noch, was ich dabei empfand. Die Freude, die Kolumbus verspürte, als er Amerika sichtete, kann nur ein schwacher Abglanz der Wonne gewesen sein, die meine Kinderseele erfüllte, wenn ich an einem solchen Morgen im taufeuchten Gras einen reifen Apfel fand. Und wenn mir jetzt auch erlaubt ist, Äpfel direkt vom Baum zu pflücken, – ich habe immer noch das Gefühl, als hätten die unter den Bäumen gefundenen den Wert von puren Goldklumpen, und kein Apfel auf der Welt schmeckt mir besser als der, den ich ganz früh am Morgen unter meinem Lieblingsbaum im Tau finde.

Der September ist übrigens ein phantastischer Monat, findest Du nicht? Das letzte fieberhafte Auflodern des Sommers vor dem Verglühen! Er ist eine schöne Frau, die fühlt, daß sie alt zu werden beginnt, und sich nun mit allen Kräften bemüht, zu zeigen, daß sie strahlend und schön ist, wenn ihre Schönheit auch von anderer Art ist als die, mit der die jungen Mädchen Mai und Juni die Welt bezaubern.

Und dann liebe ich den September, weil er so nahrhaft ist. Um diese Jahreszeit auf den Markt gehen, ist ein richtiges Abenteuer. Meine Augen fallen mir beinahe aus dem Kopf, wenn ich die Stände vollgestopft sehe mit Äpfeln, Birnen, Pflaumen und Weintrauben, mit Tomaten, Pilzen, Melonen und Erbsen und Bohnen und Kohl.

Am Sonntag haben wir unseren alljährlichen Preiselbeerausflug gemacht. Wir fahren immer in einem offenen Wagen mit zwei Pferden. Ein Fuhrmann hier in der Stadt verleiht diese feine Equipage, und wenn wir über das Kopfsteinpflaster der Hauptstraße rumpeln, dann wissen die Menschen: die Preiselbeeren sind reif!

»Mir gefällt es, hier so hoch über den Menschen zu sitzen und Pferde zu riechen und zu wissen, daß ich einen ganzen langen Tag im Wald sein darf«, meint Svante. Und wir alle nicken zustimmend.

Diesmal hatte Svante seine Ziehharmonika mit, und kaum waren wir aus der Stadt heraus, als er auch schon mit dem Donauwellen-Walzer loslegte. Möglicherweise waren die Pferde von sehr musikalischen Eltern. Jedenfalls wollten sie durchgehen, so daß der Kutscher alle Mühe hatte, sie zu zügeln, und der Walzer endete mit einem Quietscher. Und ich sagte:

»Es gibt da gewisse Leute, die sich beklagen, wenn ich Klavier spiele. Aber ich glaube, *ich* spiele doch nicht so, daß davon die Pferde scheu werden.«

»Wer weiß, wer weiß«, antwortete Svante. »Hättest du dein Klavier hier im Wagen und würdest, wie *du* es gewohnt bist, das Lohengrin-Vorspiel herunterhämmern – ich nehme an, die Pferde würden laufen und laufen und laufen, bis sie tot umfielen. Spiele ich aber Ziehharmonika, lassen sie sich jedenfalls noch halten, und das ist doch wohl eine gute Empfehlung meiner Kunst.«

Wir fahren immer zu demselben Platz. Es ist ein Bauernhof, etwa eine Meile von der Stadt entfernt. Ein ehemaliger Schüler von Papa ist der Besitzer, und in seinem Wald füllen wir unsere Körbe mit Preiselbeeren. Und unsere Magen – mit dem Proviant aus unserem Rucksack. Das letztere hätte ich eigentlich nicht schreiben sollen. Papa behauptet nämlich, wenn Kinder in der Schule das Aufsatzthema ›Unser Ausflug‹ bekommen, dann dreht sich der ganze Aufsatz nur um den Proviant im Rucksack. Papa rät deshalb den Schülern, ehe sie anfangen zu schreiben:

»Eßt euer Butterbrot, bevor ihr von zu Hause fortgeht.«

Nun, das taten wir nicht, und ich bin sicher, es schmeckt viel, viel besser, wenn das Tischtuch über einen moosbewachsenen Stein gebreitet wird und wir zwischen roten Preiselbeerbüschen unter hohen, majestätischen Tannen sitzen. Preiselbeeren waren reichlich vorhanden, und nach einigen Stunden intensiver Arbeit hatten wir einen beruhigenden Wintervorrat beisammen. Papa half nicht viel.

Meistens ging er umher, botanisierte oder beobachtete den Buntspecht. Monika suchte die Wohnung der Heinzelmännchen. Jerker schnitt Weidenzweige für Flitzbogen. Svante war mehr geneigt, sich längelang zwischen die Büsche zu legen und nichts zu tun. Meine Bescheidenheit verbietet es mir, Namen zu nennen, aber vielleicht kannst Du Dir selbst ausrechnen, wer nun eigentlich die Preiselbeeren gepflückt hat.

Jetzt höre ich Alida in der Küche klappern. Ich werde also versuchen, etwas Tee und Toast zu bekommen, bevor ich zur Schule gehe.

Sei nett, halte mir die Daumen. Wir schreiben nämlich heute eine Biologiearbeit.

»Die Lampe ist verloschen, die Nacht so still und klar«, und eigentlich ist es Schlafenszeit für ein bedauernswertes, armes Schulmädchen, das um acht in der Frühe wieder auf sein soll. Aber ich glaube, ich muß doch noch ein bißchen mit Dir plaudern, bevor ich mich hinlege.

Heute war es recht langweilig in der Schule. Die Biologiearbeit klappte einigermaßen, wenn ich auch vergessen hatte, daß Insekten durch Tracheen atmen. Dann aber hatten wir hintereinander zwei Stunden Mathe – und diese Matik erweckt in mir immer den Wunsch, die Tochter eines kleinen, biederen Bantunegers zu sein, der von mir nicht mehr verlangt, als daß ich gerade bis drei zählen kann.

Und wie sich Mariann Uddén aufgespielt hat! Mariann, das mußt Du wissen, gibt nämlich bei uns in der Klasse den Ton an, und Du verstehst sicher, was das zu bedeuten hat. Es bedeutet, daß alle Mädchen, oder fast alle, dieselbe Meinung haben wie sie und so reden wie sie. Auf die Dauer wirkt das ziemlich ermüdend. Sicher gibt es in jeder Klasse so eine, die den Ton angibt, aber die muß dann wenigstens einigermaßen vernünftig sein. Ich finde, unsere Klasse war netter und gemütlicher, bevor Mariann voriges Jahr auftauchte. Ihr Vater ist Direktor einer großen Fabrik, und in den ersten Schuljahren wurde sie im Haus von einer

Gouvernante unterrichtet. Sicherlich liegt alles daran, daß sie vorher keine Schulkameraden gehabt hat. Sie hat ganz einfach nicht lernen können, was echte Kameradschaft heißt. Außerdem hat sie keine Geschwister und ist unbeschreiblich verwöhnt. Als sie das erstemal wie eine Offenbarung vor uns in der Klasse aufkreuzte, mit märchenhaften Nylons, goldener Puderdose und Kleidern, denen man den Luxuspreis von weitem ansah, obwohl sie einfach im Schnitt waren, da blieb uns allen die Spucke weg.

Um der Wahrheit willen: Ich entsagte dem Mariannenkult recht bald, aber für die Mehrzahl ist sie noch immer die Unerreichbare, der man täglich ein Dank- und Brandopfer zu bringen hat, um in ihrer engsten Nähe bleiben zu dürfen.

Nun glaubst Du sicher, ich sei neidisch. Der Ordnung halber sitze ich jetzt auch hier und prüfe mich einmal ganz genau, wie es damit bei mir steht. Und ich glaube, behaupten zu dürfen: Wirklich, ich bin nicht neidisch! Von mir aus mag sie so schön sein, wie sie will, und so schick angezogen, wie sie will, – es ist nur nett anzusehen. Aber es ist nicht nett anzusehen, wie sie ihre Mitschülerinnen ausnutzt und dazu bringt, nach ihrer Pfeife zu tanzen, indem sie sie gegeneinander ausspielt. Wie sie einen Tag gut Freund mit Lisa ist, um Greta gefügig zu machen, und am nächsten Tag den Spieß umdreht.

Und was sie sich heute ausgedacht hat, ist schon beinahe eine Gemeinheit. Das war so: Dieser Tage bekam Mariann einen leichten, aber verdienten Rüffel von unserer Französisch-Lehrerin, Fräulein Hedberg, und weil wir eigentlich alle ziemlich unordentlich gearbeitet hatten, gab es kurzerhand für die ganze Klasse Strafarbeit: eine Seite französischen Text extra zu übersetzen.

Aber daraufhin kam von Mariann der Erlaß, niemand solle sich um die Strafarbeit kümmern. Wenn wir drankämen, sollten wir, statt vorzulesen, nur dastehen wie dumme Schafe.

Ich sagte zu Mariann, ich fände das lächerlich und albern. Ich jedenfalls würde von der Seite so viel übersetzen und vorlesen, wie es mir Spaß mache. (Was wahrhaftig nicht sehr viel sein würde, kann ich dir anvertrauen.)

Wir haben nun ein Mädchen in der Klasse, das Britta Svensson heißt, weißt Du, eine von denen, die niemals irgendwohin eingeladen oder auch nur in das bescheidenste Geheimnis eingeweiht werden. In der Klasse gibt es immer einige solcher Mädchen, und Du kannst Dir nicht vorstellen, wie leid sie mir tun.

Britta ist schwach in Französisch, und ständig schwebt über ihrem Haupt die drohende Fünf. Wahrscheinlich wagte sie nicht mitzumachen, und vor die schwere Wahl gestellt, Fräulein Hedbergs oder Marianns Mißfallen zu erregen, entschied sie sich eindeutig gegen Mariann. Außerdem wußte sie, daß sie drankommen würde. So war es denn auch. Fräulein Hedbergs Blick fiel zuerst auf sie, und Britta lieferte eine richtig saubere und ordentliche Übersetzung. Dumpfes Gemurmel von Mariann, als sie nach ihr an die Reihe kam. Sie stand tatsächlich da wie ein dummes Schaf. Na ja, und da bekam Mariann einen Tadel wegen unverständlichen Vorlesens, wir anderen aber wurden übergangen, weil Fräulein Hedberg etwas zu erklären begann.

In der Pause hielt Mariann Kriegsrat und – paß auf, jetzt kommt das wirklich Gemeine! – bestimmte, daß niemand in den nächsten vierzehn Tagen auch nur ein Wort zu Britta sagen dürfte. Niemand sollte in der Pause mit ihr zusammensein, und wenn sie sich mit irgendeiner Frage an uns wendete, sollten wir einfach nicht antworten.

»Vielleicht kann man ihr noch eine kleine Glocke um den Hals hängen, damit wir ja hören, wenn sie kommt«, sagte ich so spitz wie möglich. »Die Aussätzigen trugen doch so etwas im Mittelalter, und bei uns scheint es ja mit der Kultur nicht weitergegangen zu sein.«

Aber alle anderen miauten schnell und eifrig ihr Ja! Niemand wollte in den nächsten vierzehn Tagen mit Britta sprechen.

»Da wir gerade beim Foltern sind –«, sagte ich, »ich hörte

mal, daß irgendwo die Eingeborenen ihre Gefangenen foltern, indem sie Schafe so lange an den Fußsohlen der Gefangenen lecken lassen, bis diese wahnsinnig werden. Sollten wir nicht diese Möglichkeit näher ins Auge fassen? Über Mangel an Schafen in unserer Klasse können wir ja nicht klagen – das wäre also kein Hindernis.«

Nachdem ich diese Pointe, auf die ich selbst außergewöhnlich stolz war, abgefeuert hatte, ging ich meiner Wege.

»Wo willst du hin?« rief Mariann mir nach.

»Ich gehe, um mich eine Weile so richtig nett und gemütlich mit Britta Svensson in ein Gespräch zu vertiefen«, gab ich zurück.

Aber glaub mir, es war doch schön, der Schule den Rücken zu kehren, als es so weit war. Im Innern fluchte ich fürchterlich über Schulmädchen im allgemeinen und über Mariann im besonderen, als ich mit schlenkernder Schultasche nach Hause wanderte. Dicht vor unserer Gartentür traf ich Jerker mit drei anderen Jungen gleichen Alters. Er sah mich nicht, und die kleinen schüchternen Flüche, die ich vor mich hin geflüstert hatte, wurden zu wahren Zärtlichkeiten im Vergleich zu den saftigen Ausdrücken, die mein Bruder nur so aus seinem zahnlosen Mund herausschleuderte.

»Daß du dich nicht schämst!« rief ich und packte ihn im Genick.

»Ja, aber *draußen* wird man doch wohl fluchen dürfen, soviel man will«, sagte der kleine Heide in großer Verwunderung.

Dann gingen wir ins Haus und aßen zu Mittag. Und es war ein angenehmes Gefühl, wieder unter vernünftigen Menschen zu sein. Außerdem gab es Kohlrüben mit Schweinefleisch, und das söhnt einen ja mit vielem aus.

Wir hoben die Tafel wie gewöhnlich auf. Aber, liebste Kajsa, davon habe ich Dir ja noch nichts erzählt, das muß ich Dir ja erst erklären. Ja, siehst Du, das ist so eine kleine verrückte Angewohnheit, die wir in unserer Familie haben: Wenn wir so gemeinsam am Eßtisch sitzen und alles ist eitel Frieden und Glück, dann heben wir mit vereinten Kräften den Tisch ein wenig vom Boden auf, nur einige Zentimeter und auch nur für einen Augenblick. Warum, weiß ich eigentlich nicht. Es soll wohl nur ein Zeichen von Zusammengehörigkeit sein, ein Ausdruck der Zufriedenheit darüber, daß wir so zahlreich sind und im Sitzen den Tisch aufheben *können*. Majken hat nun inzwischen allerdings angeordnet, daß der Tisch nicht gehoben werden darf, wenn es Suppe gibt. Aber Kohlrüben und Schweinefleisch, das sind handfeste Sachen, die man praktisch so hoch heben kann, wie man will. Alida allerdings wird nie aufhören, das Tischheben in jeder Form zu verurteilen.

»Man sollte nicht glauben, daß Sie klug sind«, sagte sie. »Nein, wahrhaftig, man sollte es nicht glauben.«

Jetzt fallen mir aber bald die Augen zu. Also Punkt für heute!

Britt-Mari

28. September

Meine liebe Kajsa,

Ich möchte doch gern wissen, ob Du auch gestern abend den Mondschein gesehen hast. Saß da vielleicht ein großer gelber Mond bei Euch über dem Schloß und spiegelte sich im Fluß? Es ist ein wunderlicher Gedanke, daß es ja dann derselbe Mond war, auf den ich draußen geblickt habe. Ich habe ihn nicht allein gesehen, jemand war bei mir. Neinneinnein! Ich sage nicht, wer!

Ich war ein Weilchen bei Annastina gewesen. Sie wohnt nicht weit von uns. Wir sind alte Freundinnen. Ich glaube tatsächlich, daß wir nicht älter als vier Jahre waren, als wir uns zum erstenmal um eine Puppe balgten, daß die Haare nur so flogen – bei uns und bei der Puppe.

Kurz vor neun verabschiedete ich mich von ihr und ging. Und da stieß ich auf *ihn*. Rein zufällig. Manchmal bilde ich mir ein – ich meine: manchmal hoffe ich, daß wir uns nicht »rein zufällig« treffen. Daß er vielleicht gewisse Anstrengungen macht, damit wir uns treffen. Aber das sind natürlich nur meine eigenen phantastischen Gedanken. Vielleicht aber...

Wir gingen die Uferpromenade entlang. Der Fluß ist nämlich so nett, sich quer durch unser kleines Städtchen zu schlängeln. Ich wüßte nicht, was diese Stadt ohne ihren Fluß wäre. Ich glaube, sie verlöre jeglichen Reiz. Ich weiß auch nicht, was man mit dem Mondschein sollte, wenn unser kleiner Fluß ihn nicht widerspiegeln würde. Oder wo wir im Frühling Schlüsselblumen pflücken sollten, wenn nicht im Wald an der Flußbiegung dicht vor der Stadt. Und wenn ich nicht an einem hellen Sommerabend auf einer Bank am Fluß sitzen und den Duft des weißen Flieders spüren könnte – ich würde einfach nicht glauben, daß überhaupt Sommer ist. Nur im Winter gehen wir auf der Hauptstraße spazieren. Sowie aber der Schnee geschmolzen und verschwunden ist, findest Du uns auf der Uferpromenade am Fluß, bis über die Knöchel im Lehmbrei watend. Es gibt dort nämlich kein Pflaster, mußt Du wissen, und ich bin überzeugt davon, daß der Uferweg schon viele, viele verdorbene Schuhe auf dem Gewissen hat.

Dort gingen wir also gestern abend, Bertil und ich. Sieh an, da ist mir der Name entschlüpft! Aber warum solltest Du ihn übrigens nicht wissen dürfen? Du darfst auch gerne erfahren, daß er sechzehn Jahre alt und Oberschüler ist und ein netter Junge, wie Papa sagt. Und ich sage: Du kannst Gift darauf nehmen, schönere Zähne als seine gibt es überhaupt nicht!

Worüber wir redeten, weiß ich nicht mehr. Wir waren, glaube ich, recht schweigsam. Dunkel zog der Fluß seine Bahn, der Mond spiegelte sich so unwirklich im Wasser, und graziös bogen sich die Weiden herab. Es war so schön, daß es weh tat. Und plötzlich war die Schwermut da. Warum, weiß ich nicht. Ich werde sehr oft schwermütig. Schwermütig... vielleicht weil ich so jung bin. Und weil ich nicht jünger bin. Denn als man jünger war, war alles so einfach. Vielleicht wird es wieder einfach, wenn man richtig erwachsen ist. Aber so dazwischen, finde ich, ist es manchmal sehr schwer. Ich möchte wohl wissen, ob es Dir genauso geht oder ob ich nur allein so dumm bin. Eigentlich weiß man doch sehr wenig vom Leben. Leben mit großem L. Oft aber überfällt mich so eine Ahnung, daß es etwas einzigartig Schönes und einzigartig Schreckliches zugleich ist. Und dann ist die Schwermut da. Ich verzweifle über mich selbst. Dann habe ich Angst, daß ich nichts Rechtes aus meinem Leben machen kann.

Mama sagt immer, das Leben sei wie ein Kuchenteig. Jeder Mensch bekommt seinen Teil Teig, und den darf er kneten und formen, wie er will. Es liegt also immer an uns selbst, ob daraus ein glatter, schöner und einwandfreier Kuchen wird oder ein krummer und schiefer kleiner Kloß mit verbrannten Rändern. Und man bekommt nur ein einziges Teigstück. Ist das erst einmal verpfuscht, kann man nur noch sehr schwer etwas damit anfangen. Viele junge Menschen begreifen nicht, wie wichtig es ist, das Teigstück schon von Beginn an richtig zu formen. Mama sagt das. Sie liebt es, in Gleichnissen zu sprechen. Manchmal aber geht sie genau auf die Dinge zu, wenn sie redet, und dann sagt sie:

»Was du auch tust, Britt-Mari, sei niemals leichtsinnig! Es gibt viele dumme kleine Mädchen, die glauben, daß man so leichtsinnig sein kann, wie man will, und daß man es nicht so genau zu nehmen braucht, wenn es nur Spaß macht. Aber das ist falsch.«

Sicher meint sie, leichtsinnig sein ist dasselbe, wie sein Teigstück absichtlich krumm und schief formen. Als Mama und ich neulich spazierengingen, trafen wir ein Mädchen. Wie sie heißt, schreibe ich nicht. Sie ist reizend und freundlich und immer lustig und guter Dinge, aber trotzdem wird nicht sehr gut über sie gesprochen, und die Menschen lächeln so eigenartig, wenn nur ihr Name erwähnt wird. Mama sagt:

»Ich glaube, Britt-Mari, die Kleine ist auf dem Wege, ihren Teig krumm und schief zu formen.«

Schluß für heute mit der Bäckerei! Aber das will ich Dir noch sagen: Wenn es einen Menschen gibt, der im Begriff ist, ein guter, wohlgeformter Kuchen zu werden, dann ist das Bertil. Man kann beinahe nicht glauben, daß es ihn gibt, – so gut ist er.

Um zehn Uhr mußte ich nach Hause stürzen, denn wenn es etwas gibt, worüber Papa und Mama und Majken einer Meinung sind, dann darüber, daß wir um diese Zeit im Hause sein müssen, Svante und ich. Ich hatte klatschnasse Füße, und ich tröstete mich damit, daß ein Teil der Schwermut auch darauf beruhen könnte.

Übrigens ist am nächsten Sonnabend Tanz im Gymnasium. Das ist *das* Ereignis des Herbstes. Innerhalb des Horizontes der Schule gesehen. Für die Musik zeichnet die Schülerkapelle verantwortlich. Und da Svante mit seiner Ziehharmonika einen ehrenvollen Sitz in der Kapelle innehat, herrscht zur Zeit wenig Ruhe im Hagströmschen Nest. »The Playing Fools« proben nämlich ausschließlich bei uns zu Hause.

Du! Ich habe ein neues Kleid bekommen! Nächsten Sonnabend beim Tanz werde ich es das erste Mal tragen. Es ist 1. dunkelblau, 2. plissiert, 3. hat es einen weißen Kragen und weiße Manschetten, und für meine Begriffe ist es 4. richtig süß. Es ist albern, daß einem Kleider so viel bedeuten. Tatsache ist aber, daß ich mitten in der Nacht aufwachen kann und mich an das Kleid mit einem leichten Schauer von Wohlbehagen erinnere. Danach drehe ich mich auf die andere Seite und schlafe mit einem törichten Lächeln auf den Lippen wieder ein.

Die Kleiderfrage regelt Majken für mich. Ein Glück, daß sie einen guten Geschmack hat. Mama würde gar nicht merken, wenn ich mit einem Baströckchen ankommen und Hula-Hula tanzen würde. Aber Majken ist streng.

»Keinen Firlefanz für das Mädchen«, pflegt sie barsch zu sagen, wenn ich nach etwas auffallenderen Stoffen oder

Modellen schiele. Und nach einem kurzen, aber heftigen seelischen Kampf muß ich zugeben, daß Majken wieder einmal recht hat.

Genug erzählt für heute!

Deine Britt-Mari

7. Oktober

Liebe Kajsa!

Tanzen ist doch etwas Wundervolles! Wenn ich an den Schulball denke, zuckt es mir jetzt noch in den Beinen. Ich glaube, ich hätte wer weiß wie lange durchhalten können. Aber Papa, der Direktor, hatte bestimmt, daß Punkt elf Uhr Schluß sein sollte. Ich finde, das grenzt an seelische Grausamkeit, wie die Amerikaner es nennen.

Du sollst nun alles vom Anfang bis zum Schluß erfahren, von der Stunde an, als ich in das plissierte Dunkelblaue schlüpfte, bis zum späten Abend, als ich wieder herauskroch.

Brüder können recht lästig sein, und unter den allerlästigsten ist Svante bestimmt als Nummer eins zu werten. Mit der Ziehharmonika vor dem Bauch verließ er sein Vaterhaus gegen sieben Uhr: Er gehörte ja zu den Veranstaltern. Aber er konnte nicht umhin, mir vorher noch verschiedene »Wahrheiten« zu sagen.

Du verstehst doch sicher, daß man an einem solchen Abend so nett wie irgend möglich aussehen möchte? Svante jedenfalls versteht das nicht.

»Die Götter mögen die Jünglinge bewahren«, hetzte er. »Ich glaube, das Mädchen hat sich wahrhaftig Locken gedreht. Es besteht wohl die Absicht, in ganz großem Stil Herzen zu brechen?«

Und als ich nur eine Idee von Majkens Puder auf meine Nase tat, schnupperte er wie ein Jagdhund um mich herum und bellte: »Hier riecht es nach Schminke und Puder und sündiger Liebe!«

»Aus dem Weg!« sagte ich. »Sonst werde ich Annastina erzählen, daß du ihr Bild aus meinem Photoalbum gemaust hast und daß es nachts unter deinem Kopfkissen liegt!«

Alle Kniffe sind erlaubt, wenn es gilt, hochnäsige Brüder zu zähmen. Ich glaubte schon, an Punkten gewonnen zu haben, aber gerade bevor er verschwand, steckte er wieder den Kopf zur Tür herein und feuerte folgenden Knock-out-Treffer ab:

»Willst du dir nicht auch noch den Mund rot anmalen, damit du wie eine leuchtende Fackel durch die Nacht gehen kannst? Dann wird sich Bertil wenigstens nicht im Nebel verirren!«

Bevor ich mir eine niederschmetternde Antwort ausdenken konnte, war mein Ziehharmonikabruder leider schon verschwunden.

Majken musterte mich, bevor ich ging. Sie ordnete an meinem Haar und sah nach, ob die Strumpfnähte gerade saßen.

»Na schön, du siehst ja einigermaßen ordentlich aus«, sagte sie, und ich sog diese Worte in mich hinein.

Denn ab und zu habe ich etwas nötig, was mein Selbstvertrauen stärkt. Rein äußerlich klappt es schon, aber tief drinnen zweifle ich immer daran, daß Britt-Mari Hagström etwas Besonderes ist. Hatten nicht die römischen Kaiser einen Sklaven neben sich stehen, dessen einzige Aufgabe es war, seinen Herrscher dann und wann zu erinnern: »Vergiß nicht, daß du sterblich bist«? Ich könnte sehr gut einen Sklaven brauchen, der mir in regelmäßigen Abständen zuflüstern würde: »Vergiß nicht, daß du *un*sterblich bist.« Dann würde ich vielleicht weniger daran denken, wie ich aussehe und ob meine Kleider sind, wie sie sein sollen, und ob jemand merkt, wie unsicher ich bin.

Mama sagt immer: Wenn man sich für andere Menschen interessiert und freundlich zu ihnen ist, vergißt man ganz, an sich selbst zu denken. Die Menschen finden dann auch, daß man entzückend ist. Denn nichts lieben sie mehr, als daß man ihnen zuhört, wenn sie von ihren Kindern und ihren Krankheiten und ihrer Arbeit und all dergleichen reden. Ich glaube, es ist etwas daran. Denk zum Beispiel an Dich und mich! Hier sitze ich nun und spreche von mir und mir und mir, aber sei überzeugt, ich finde auch, daß Du entzückend bist, weil Du mir so nett zuhörst.

Wenn wir uns nun wieder dem Ausgangspunkt zuwenden würden? Daß es so schwer ist, sich an das Thema zu halten! Ich glaube, wenn ich mich nicht mit Gewalt halten würde, ich würde mich grenzenlos verirren können und den Brief mit ganz bestimmten Ansichten über Schafzucht in Australien oder über die Kunst des Rollschuhlaufens beenden.

Aber nun sind wir also beim Schulball. Papa und ich gingen zusammen hin. Als Direktor mußte er ja dabeisein. Er sieht gern zu, wenn die Jugend vergnügt ist, sagt er. Ich brauchte nur zweimal zurückzulaufen, einmal, um seine Brille zu holen, und dann das zweitemal, weil er seinen Regenschirm vergessen hatte.

Unterwegs trafen wir Annastina, und es war gut, sich bei ihr einzuhaken, als wir den Turnsaal betraten. Bertil war da, und ich hatte wie immer das Gefühl, etwas in der falschen Kehle zu haben, als ich ihn sah. Glaubst Du, daß es Liebe sein kann?

Wir sind wirklich gut eingetanzt, Bertil und ich, und als ich beim ersten Walzer mit ihm durch den Saal schwebte, konnte ich ohne Schwierigkeiten daran denken, wie schön es ist, und brauchte nicht ausschließlich darauf zu achten, daß »er jetzt nach rechts schwenkt« oder daß »er jetzt so schnell wie möglich an der versammelten Lehrerschaft vorbeitanzen will«. So etwas muß man ja meistens beachten, wenn man mit anderen tanzt.

A propos mit anderen! Soll ich von dem Entsetzlichen berichten? Oder soll ich es verschweigen und hoffen, daß es nur ein schrecklicher Traum war? Aber ich habe festgestellt, daß es in allen Situationen das beste ist, der Wahrheit ins

Auge zu sehen, und deshalb sollst du von meinem bitteren Schicksal erfahren, selbst wenn ich noch beim Niederschreiben erröte.

Habe ich Dir schon irgendwann einmal von Aake erzählt? Sonst wird es langsam Zeit, daß es geschieht. Du kannst nicht durchs Leben gehen, ohne zu wissen, daß es so ein Exemplar Mensch gibt wie ihn. Aake ist der netteste, freundlichste, schüchternste und dickste Gymnasiast, der je, Jahr für Jahr, mit schlechten Zensuren – in praktisch allen Fächern – nach Hause gekommen ist.

Lange Zeit hat er sich mir gegenüber sehr freundlich gezeigt: bescheiden meine Schultasche getragen, wenn er sie bekam, regelmäßig Weihnachts- und Osterglückwünsche geschickt und mich höfisch bei allen Schultänzen aufgefordert. Ja, und *das* war es: Er forderte immer nur mich auf. Er klammerte sich förmlich an mich. Und Aake, das ist einer von denen, deren Hand man gern halten würde, wenn man stirbt, aber zu Lebzeiten mit ihm tanzen – nein! Bei ihm ist überall so verzweifelt viel Arm und Bein im Wege, und er könnte – um eine Redewendung zu gebrauchen, die ich einmal gehört habe, – nicht durch die Wüste Gobi gehen, ohne irgend etwas umzureißen.

Vollkommen richtig geraten, liebe Kajsa! Wir sind tatsächlich beim Tanzen hingefallen. Jetzt ist es heraus! Frag mich nicht, wie es zuging. Ich weiß nur, daß ich plötzlich auf dem Boden saß und überlegte, ob das Erdbeben viele Todesopfer gefordert habe. Wenn Du jemals Lust verspürst, Dich aus der Gemeinschaft ausgestoßen zu fühlen, dann, Kajsa, kann ich Dir einen guten Rat geben: Tanz so, daß Du auf einer öffentlichen Tanzveranstaltung zu Boden fällst. Wenn Du dann all die erheiterten Gesichter gegen Dich gerichtet siehst, dann weißt Du genau, wie es ist, ein Stiefkind der Gesellschaft zu sein.

Langsam tüftelte ich jedenfalls aus, welche Beine eigentlich zu mir gehörten, und erhob mich. Meine erste heiße Regung war, entweder zur Tür zu stürzen oder Aake kräftig vor das Schienbein zu treten. Als ich aber sein rotes, unglückliches Gesicht sah, wurde ich von Mitleid gepackt und bekam beinahe mütterliche Gefühle für ihn.

»Den möchte ich sehen, der uns das nachmacht«, sagte ich so überlegen wie möglich und sah mich kampflüstern in der Umgebung um. Und dann tanzten wir weiter.

Aber ich bin überzeugt, wenn ich achtzig Jahre alt werde und, von Kindern und Kindeskindern umgeben, im Lehnstuhl sitze und versuche, mir die Erlebnisse meiner Jugend ins Gedächtnis zurückzurufen, daß ich dann sagen werde: »Laßt mal sehen – ja, das war doch in demselben Jahr, als Großmutter auf dem Schulball beim Tanzen hinfiel ...« Man mag über solche Katastrophen denken, was man will – eine Gedächtnisstütze, das sind sie!

Ich hatte auch das Vergnügen, mit Stig Henningson zu tanzen. Der Knabe ist hier in der Stadt neu. Er kommt aus Stockholm. Wer weiß, vielleicht bist Du ihm schon einmal am Strandweg begegnet. Aber wenn er nicht aussah, als hielte er sich für des Daseins Mittelpunkt und für die Krone der Schöpfung, – dann war er es nicht. Man sagt, er sei in Stockholm aus der Schule geflogen. Ob das wahr ist, weiß ich nicht. Über so etwas spricht Papa nie.

Aber eines Tages, als ich mit Papa unterwegs war, trafen wir Henningson, und Papas Grunzen war ausgemacht abfällig, als er ihn bemerkte.

Ich kann auch Leute nicht ausstehen, die einfach herkommen und ein Gesicht aufsetzen, als hätten sie die Absicht, unsere ganze Stadt zu kaufen. Außerdem ist es wenig kleidsam, wenn Jungen von ihrem Aussehen so sehr eingenommen sind. Selbst dann, wenn sie so glücklich sind, eine einigermaßen anständige Nase mitten im Gesicht zu haben.

Also, wie gesagt, ich tanzte auch mit ihm. Wir unterhielten uns, und weißt Du, was er sagte? Nein, es ist so blöde, daß man es nicht schreiben kann! Und trotzdem, es kann nicht schaden, wenn Du erfährst, wie der Gesprächston der heutigen Jugend klingt, wenn er besonders gewählt ist.

Er: »Wie kann man nur so süß sein? Ich möchte beinahe eine Promenade vorschlagen, wenn das Affentheater hier zu Ende ist.«

Ich: »Vorschläge kann man ja immer machen. Aber eine so grenzenlose Gunstbezeugung würde mich wohl größenwahnsinnig machen. Deshalb glaube ich, daß ich ›danke, nein‹ sagen muß.«

Er: »Na, nun mal nicht kratzbürstig sein! So dunkelblaue Augen sind das Wunderbarste, was ich kenne.«

Ich: »Wirklich? Für mich sind Kohlrüben und Schweinefleisch das Wunderbarste.«

Er: »Wie kann ein so süßer, kleiner Mund nur so schreckliche Dinge sagen?«

Ich: »Ach, bah-bah-bah!«

Nach diesem Dialog schien er merklich verwundet, und wir beendeten den Tanz in wohltuendem Schweigen.

Später aber widmete er sich mit Haut und Haaren Mariann Uddén, und ich hörte, wie er sagte:

»Solch braune Augen sind das Wunderbarste, was ich kenne.«

Ich selbst hielt mich treu an Bertil, und wir waren ausgelassen und lustig. Er lud mich zu einer Limonade ein. Aber es ist doch ein wenig fatal, wenn man einen Bruder im Orchester hat, der einen immer dann, wenn man dabei ist, besonders charmant zu sein, mit lautem Souffleusenflüstern aus der Stimmung reißt:

»Brich dir nur keine Verzierung ab!«

Bertil begleitete mich nach Hause. Aber die ganze Zeit hielt sich Svante ungefähr fünfundzwanzig Meter hinter uns und hüstelte bedeutungsvoll. Zuweilen miaute er auch leise auf seiner Ziehharmonika. Natürlich froren alle die tiefen und denkwürdigen Dinge, die ich Bertil sagen wollte, auf meinen Lippen ein. Dafür aber bekam selbstverständlich Svante, als wir zu Hause waren, allerhand Denkwürdigkeiten zu hören.

Aber trotz allem – trotz Svante und obwohl ich mich hingesetzt hatte – war ich mit meinem Abend zufrieden. Ich verstehe nicht, warum nicht alle Menschen das Tanzen wunderbar finden. Ich werde tanzen, solange ich lebe. Und wenn ich hundert Jahre alt bin und mit Krücken einhertappe und kaum noch weiß, wie ich heiße, – ich glaube doch, es wird in meinen alten Beinen zucken, wenn ich Tanzmusik höre und wenn ich sehe, wie meine Nachkommen im dritten und vierten Glied sich im Tanze drehen. Selbstverständlich werde ich die Tänze, die dann modern sind, schrecklich finden. Ärgerlich werde ich mit meinem ergrauten Haupt wackeln und sagen:

»Kann man *das* tanzen nennen? Ich kenne ihn noch, den guten alten Swing, den wir tanzten, als ich jung war. Das war wenigstens ein schöner und stilvoller Tanz, jawohl!«

Ehe ich mich hinlegte, gab ich meinem dunkelblauen Plissierten noch einen kleinen dankbaren Klaps, weil es sich so gut benommen und mir geholfen hatte, es nett zu haben.

Bums, schlief ich ein.

Da träumte ich, ich sei auf dem Hofball beim König. Seine Majestät forderte mich auf, und wir schwebten in einem riesigen Saal dahin, und viele, viele Menschen standen ringsum an den Wänden. Nachdem wir eine Weile getanzt hatten und nichts geschah, sagte ich:

»Majestät, könnten wir nicht endlich hinfallen? Dann hätten wir es hinter uns, meine ich.«

Und dann stellte ich ihm ein Bein.

Ist die Strafe für Majestätsbeleidigung eigentlich sehr hoch? Das möchte wissen

Deine beunruhigte

Britt-Mari

Geniebte Fneundin,

hast Du Schnupfen? Ich habe ihn!
Fieber habe ich auch. Von mir aus können die in der Schule
jetzt mit ihren unregelmäßigen Verben herumkonjugieren,
so gut sie eben können. Ich liege jedenfalls hier und
kümmere mich nicht darum. Ich bin nie so gesund wie dann,
wenn ich ein wenig krank bin. Gerade wie der Dichter so
richtig singt:

> Ich bin so erkältet, ich bin so gequält,
> ach, es ist jammervoll, wie man so schwitzt!
> Keiner hat je eine Krankheit gewählt,
> wie sie in meinem Körper sitzt.

> Nun lieg' ich im Bett und denke daran,
> wie man nur so belästigt sein kann.
> Dabei ist trotz aller Mißhandlung ohnfraglich
> im Grunde das Bett immerhin – recht behaglich.

Tatsächlich, der Mann hat recht. Es ist im Grunde recht
behaglich.

Besonders weil die Familienmitglieder einander in zarter
Fürsorge überbieten. Das heißt, Svante versteht es großartig, sein Mitgefühl unter widerwärtigen Anschuldigungen
zu verbergen.

»Aha, du liegst und spielst krank«, sagt er. »Ihr schreibt
doch nicht zufällig heute Klassenarbeit in Mathematik?«

»Kob nicht mit gebeinen Beschibfungen«, quetsche
ich hervor. Und dann wirft er mir einen Apfel zu und
verschwindet, während er nonchalant »La Paloma« pfeift.

Mama ist immer wie aufgescheucht, wenn jemand in der
Familie auch nur im geringsten krank erscheint. Wie eine
ängstliche Vogelmutter flattert sie umher, und wenn sich
die Temperatur des Erkrankten 38° nähert, legt sie einen
Gesichtsausdruck an, als gäbe es für den Patienten nur noch
wenig Aussicht, lebend davonzukommen. Sie besteht

darauf, daß man ohne Pause essen und heiße Getränke zu sich nehmen soll.

Vormittags lief sie in die Küche, um, wie sie sagte, »eine richtig gute Torte zu backen« für den Elfuhr-Kaffee, der in meinem Zimmer getrunken werden sollte. Die »richtig gute Torte« wurde ein düsteres, flaches Etwas, aber wir aßen trotzdem tapfer davon. Mama behauptete, es müsse irgendein Fehler im Backpulver sein, und Majken, die immer sehr taktvoll ist, sagte, Torten in dieser Art wären ihr am liebsten. Aber morgen, wenn Mama alle Torten längst vergessen hat, rührt Majken sicherlich eine goldgelbe Sache zusammen, deren sich der beste Konditor nicht zu schämen brauchte.

Es ist Jerker und Monika streng verboten, mein Zimmer zu betreten. Sie sollen sich nicht anstecken. Aber Monika steht auf der Schwelle, schüttelt bekümmert ihren Lockenkopf und meint: »Britt-Mari krank. Britt-Mari ganz furchtbar doll krank.« Jerker leiht mir gnädig eine seiner geliebten Wochenzeitschriften, für die er sich wegen der Bilderserien finanziell ruiniert. Er ermahnt mich, ja die Serien zu besehen – »Das ist ′ne Wucht, sag′ ich dir, Britt, glaub mir!« –, aber ich werde wohl doch lieber eine von den außergewöhnlich idiotischen Geschichten lesen, die in dem Heft stehen.

An Lektüre fehlt es mir sonst gerade nicht. An der Wand über meinem Bett hängt ein Bücherregal, und dort finden sich alle meine Lieblingsbücher zusammen mit denen aus meiner frühesten Jugend: »Die Heinzelmännchenkinder« und das »Huthaus« bis zu »Alice im Wunderland«, »Ullabella«, den »Geschichten eines Feldschers«, »Huckleberry Finn«, der »Schatzinsel« und vielen, vielen anderen. Zu meinem Geburtstag bekam ich »David Copperfield« und die »Pickwickier« in entzückenden dunkelgrünen Einbänden und Stefan Zweigs »Maria Stuart«. (Geschichte ist übrigens mein Lieblingsfach.) Und nun stehen sie auch in dem Regal, das ich erreichen kann, indem ich einfach meine Hand ausstrecke.

Meine Schulbücher habe ich in sicherem Abstand auf einem Regal vor dem Fenster untergebracht. Ganz nebenbei: Darf ich Dir nicht mal erzählen, wie es in meinem Zimmer aussieht? Majken hat mir neulich geholfen, es etwas aufzufrischen, weißt Du, und ich pflege Bekannte und Freunde jetzt an den Haaren herbeizuziehen, damit sie sehen – und bewundern.

Früher hatte ich eine ziemlich trübe Tapete, aber die haben Majken und ich mit vereinten Kräften mit einer sehr hellen blauen Farbe überstrichen. Svante erbot sich bereitwilligst, in das viele Hellblau einige rote Teufel zu malen, und nur unsere sehr bestimmte Drohung, daß wir ihn dann hellblau anstreichen würden, vertrieb ihn aus dem Zimmer.

Ferner hat meine engelgute Schwester mir reizende weiße Voilegardinen mit Volants genäht – als Ersatz für die traurigen beigefarbigen, die mich immer geärgert hatten. Auf dem Fußboden liegt ein knallblauer Teppich, den ich voriges Jahr zu Weihnachten bekommen habe. Und im Frühling entdeckte ich auf dem Boden einen alten Polstersessel. Den hat mir Majken mit einem aufregend roten Frotteestoff bezogen, und er leuchtet nur so auf all dem Blau.

Das sind so die Verbesserungen, die vorgenommen wurden, und ich finde, ich habe ein neues Zimmer bekommen. Wenn auch immer noch derselbe alte Schreibtisch vom Fenster aus in das Zimmer ragt und derselbe alte Kachelofen, an dem ich an kalten Wintertagen meine gefrorenen Zehen auftaue, in der Ecke steht und dasselbe alte Bücherregal mit all denselben alten Büchern über meinem Bett hängt. Und doch – eine nagelneue Leselampe wurde an der Wand unter meinem Bücherregal angebracht. »Wenn du dich jetzt abends zu Tode liest, so kann ich dir nicht helfen«, sagte Majken, als sie den Haken einschlug, der die Lampe halten sollte.

Die Gefahr besteht natürlich, sicher! Ich hoffe in Deinem Interesse, daß Du Bücher ebensosehr liebst wie ich. Ich liebe es nicht nur, in ihnen zu lesen, ich liebe es, sie anzufassen, sie zu fühlen, zu wissen, daß sie mir gehören.

Mama und Papa finden, daß es gewisse Bücher gibt, die jedes Kind haben *muß*. Ich glaube, es wäre gut, wenn alle Eltern so denken würden, denn – Himmel, wieviel Glück haben wir doch durch unsere Bücher! Bei uns werden Bücher nicht als Luxus angesehen. Auf jedem Weihnachts- und Geburtstagstisch liegen sie stapelweise. Und der Mann, mit dem ich mich einmal verheirate, muß zwei Bedingungen ganz bestimmt erfüllen: Er muß Bücher lieben, und er muß Kinder lieben. Sonst aber mag er meinetwegen aussehen, wie er will. Obwohl ihn nichts daran zu hindern braucht, schöne Zähne zu haben, nicht wahr?

Jetzt erscheint Majken mit heißer Zitrone, und meine Beine sind unter dem Gewicht der Schreibmaschine einge- schlafen. Deshalb bekomme ich wohl die Erlaubnis, eine kleine Pause zu machen. So lange also!

Später

Wenn Du wüßtest, wie gemütlich ich es habe! Eine blasse Oktobersonne scheint durch mein Fenster. Alida hat den Ofen geheizt, und Mama und Papa haben Tee bei mir getrunken. In der Schule haben sie gerade jetzt Mathema- tik. Sei versichert, dieser Gedanke erhöht mein Wohlbefin- den um etliche Grade.

Als Papa hereinkam, lag ich gerade da und las in der Zeitschrift, die Jerker mir geliehen hat. Papa sah etwas ironisch aus, als er sagte:

»So ist es recht! Lies Magazine, wenn du wissen willst, wie es im wirklichen Leben bestimmt nicht zugeht!«

Danach lag ich dann still und dachte darüber nach, wie recht er doch hat. Man darf nicht damit rechnen, es einmal so bequem im Leben zu haben wie eine Zeitschriftenheldin. Die braucht nichts zu können, nichts zu wissen und nichts zu verstehen. Wenn sie nur ein süßes Lächeln und schöne Beine hat, ordnet sich alles von selbst. Der nette Oberarzt des Krankenhauses, in dem sie Schwester ist, läßt das Operationsmesser und alles, was er noch in den Händen hat, fallen und beteuert, daß er sie liebt, – zum großen Kummer der anderen Krankenschwestern, die *nur* tüchtig sind, aber nicht so schöne Beine haben. Hat die Heldin eine Stellung in einem Büro, braucht sie nur über den Stenogrammblock hinweg den Chef mit feuchten Augen anzusehen, und er begreift sofort, daß sie – husch, husch! – nur auf der Welt ist, um die Mutter seiner Kinder und die Herrscherin über seine Millionen zu werden. Letzteres ist das Wichtigste. Wenn man den Magazinen Glauben schenken darf, muß sich ein Mädchen so schnell wie irgend möglich einen Mann schnappen. Es herrscht ein Kampf um die armen Männer, als gälte es das Leben. Ich werde müde, wenn ich nur daran denke.

Ich will Dir etwas anvertrauen, Kajsa. Ich möchte schrecklich gern heiraten, wenn ich »groß« bin. Ich möchte ein eigenes Heim haben und eine Menge so kleiner, molliger Kindchen wie Monika. Aber zuerst will ich etwas lernen. Ich will zuerst etwas Richtiges können, und ich will versuchen, ein richtiger Mensch zu werden, der in sich selbst einigen Wert besitzt und ihn nicht erst als Anhängsel eines Mannes bekommt. Ich werde mir einen Beruf erarbeiten! Schreib es Dir auf, damit Du es nicht vergißt! Denn ich halte es für ein Wagnis, sich im Leben nur auf ein Paar schöne Beine zu verlassen. Zumal es, immer nach den Zeitschriften, beinahe mühsamer ist, einen Mann festzuhalten, als ihn zu kapern. Bitte, da taucht eine mit noch schöneren Beinen auf, und schon steht man da. Du mußt zugeben: Das Risiko ist zu groß!

Wenn auch nur die geringste Möglichkeit dazu vorhanden ist, will ich versuchen, Journalistin zu werden. Um mein Ziel zu erreichen, gedenke ich zu arbeiten und zu arbeiten und zu arbeiten, und es wäre doch gelacht, wenn es mir nicht gelingen sollte. Eine Journalistin braucht ja wohl auch nicht, wie ich hoffe, in bezug auf die Gleichungen ersten und zweiten Grades besonders tüchtig zu sein.

Nun will ich Dich aber nicht länger mit meinen philosophischen Ergüssen quälen. Ich bin nämlich selbst sehr müde, glaub mir. Ganz still werde ich liegen und in die sterbende Glut des Ofens schauen, während die Dämmerung sich senkt und es in den Bäumen vor meinem Fenster rauscht. Im Nebenzimmer wird Monika ›Alle meine Entchen schwimmen auf dem See‹ singen, und Jerker wird seine Aufgaben aus der Fibel murmeln: »Großmutter ist lieb. Großmutter ist Mutters Mutter. Großmutters Rose ...«

Nur noch ein hell glühendes Stück Kohle ist im Ofen zu sehen. Mama spielt das »Ständchen« auf dem Klavier. Ich aber trinke heiße Zitrone und bin schrecklich erkältet. »Und im Grund ist das Bett immerhin recht behaglich.«

Deine treue und total verschnupfte

Britt-Mari

10. November

Liebe Kajsa!

Wen, glaubst Du, traf ich, als ich heute von der Schule nach Hause ging? Stig Henningson, nicht mehr und nicht weniger. Er sah immer noch aus, als ob ihm zumindest die halbe Stadt gehöre.

»Aha«, sagte er, »da haben wir sie ja, die eiskalte Britt-Mari Hagström.«

»Richtig«, erwiderte ich. »Welche Augenfarbe wünschen Sie heute die ›wunderbarste‹ zu nennen?«

»Immer noch kratzbürstig! Ich wäre neugierig, ob etwas süßer Kuchen nicht einen Ausgleich gegen soviel Bitterkeit schaffen könnte.«

Wir standen nämlich genau vor Johannsons Konditorei. Du ahnst nicht, was für herrliches Backwerk es dort gibt. Es ist nur auf meinen ungeheuren Appetit auf Süßigkeiten zurückzuführen, daß ich seine Einladung in die Konditorei annahm. In unvorstellbar kurzer Zeit hatte ich mir wenigstens drei Stücke Torte einverleibt. Aber schon begann mich des Gedankens kranke Blässe anzufallen in Verbindung mit einem leichten Bauchkneifen. Das Ganze ging in wirkliche Verzweiflung über, als Bertil hereinkam, um Schokoladenplätzchen einzukaufen, und uns dort sitzen sah. Nicht, daß wir irgendwelche Verträge abgeschlossen hätten, mit keinem anderen jemals Torte zu essen, – aber trotzdem! Es gefiel mir nicht. So ging es anscheinend auch Bertil. Sein Blick war starr und düster, als er die Konditorei verließ. Und das machte mich traurig.

Plötzlich fühlte ich, wie herzlich ich diesen Stig Henningson verabscheute. Ich verfluchte meinen Appetit, der mich gezwungen hatte, ihm in die Konditorei zu folgen. Aber die Reue kam zu spät. Da saß man nun, satt wie eine vollgefressene Riesenschlange von all der Torte, die er bezahlen sollte. An Geldmangel schien er übrigens nicht zu leiden. Er ist typisch des reichen Vaters verwöhnter kleiner Junge. Unsereiner, der sich mit einem mageren Taschengeld durch das Leben geizt, von dem praktisch *alle* Genüsse dieser Welt bestritten werden müssen, konnte neidisch werden, wenn man sah, wie sorglos er mit den Geldstücken um sich warf. Er rauchte auch ganz flott, ohne Rücksicht darauf, daß ich ja die Tochter seines Direktors war und möglicherweise petzen konnte. Zwischen den Zügen aus seiner Zigarette erzählte er von einer stocksteifen Gesellschaft, zu der er leider von einer Familie aus der Stadt eingeladen worden war. Da fehlte aber auch jeder Schwung – und dann waren außerdem die Eltern dabei!

»Jaja«, sagte ich, »wir hier in unserer Stadt leben so weit hinter dem Mond, daß wir immer noch glauben, Eltern seien auch Menschen.«

Darauf lächelte er nur höhnisch, und ich konnte aus seinen weiteren Erzählungen heraushören, daß da doch in Stockholm ein ganz anderer Wind weht, wenn junge Leute beisammen sind. Wenn das alles wahr sein sollte, was er so erzählt, werde ich abends sicher ein kleines Sondergebet für Dich einlegen müssen, liebe Kajsa. Aber um Deinetwillen hoffe ich, daß Du Deine Freunde in anderen Kreisen suchst als Stig Henningson.

Schließlich wankte ich, übervoll von Torte und Reue, nach Hause. Meine Hoffnung, daß die friedliche Atmosphäre dort mich heilen würde, erwies sich als Irrtum. Denn es gab dort keine friedliche, sondern im Gegenteil eine recht geladene Atmosphäre. Papa war nämlich von einer Zensurenbesprechung nach Hause gekommen und hatte berichtet, daß Svante, der Unglückliche, drei Verwarnungen in verschiedenen Fächern plus einer Verwarnung in Ordnung bekommen sollte. Papa grollte und war böse, Mama war traurig und Svante zerknirscht und bußfertig. Als wir uns an den Tisch setzten, herrschte eine düstere Stille. Alida schielte ängstlich zu uns herüber, als sie die Bratwürste hereinbrachte, und Monika spürte deutlich, daß die Stimmung traurig war, denn sie sagte:

»Alle sollen reden – alle auf einmal.«

Aber die Grabesstille blieb. Es war der kleine Sünder in persona, der sie brach mit einem Zitat aus ›Pu, der Bär‹.

»Wie es auch sei«, sagte er, »Erdbeben hatten wir jedenfalls in den letzten Tagen nicht.«

Mama fing an zu kichern. Und da mußte auch Papa lächeln. Danach hoben wir den Tisch auf. Und dann ging alles viel leichter mit den Bratwürsten, wenn ich ihnen auch, infolge meiner drei Tortenstücke, nicht die Ehre erweisen konnte, die sie verdienten. Wir tauten langsam auf, wurden wieder lustig, und als die Kleinen im Bett waren, lud Papa uns andere ins Kino ein. Er betonte zwar dabei, es sei gegen alle menschliche Ordnung, Svante auch einzuladen, aber der Ärmste war so voller Reue, daß er, als er wirkliche Besserung versprochen hatte, mitgehen durfte.

»Ich werde mich ändern«, sagte Svante – unverbesserlicher Optimist, der er ist; aber Papa sagte, er gleiche jenen

Sündern, die da glaubten, es genüge, kurz vor dem Jüngsten Gericht noch schnell einmal die Bibel durchzublättern.

»Aber, liebste Frau Direktor«, lachte Majken, als Mama den Hut verkehrt aufsetzte und gehen wollte, »so lustig soll es doch erst im Kino werden.«

»Ja, diese modernen Hüte«, seufzte Mama. »Es ist wirklich nicht leicht, immer gleich zu wissen, was daran vorn und was hinten ist.«

Dann gingen wir – und eben sind wir zurückgekommen. Wir haben eine amerikanische Groteske gesehen, und zu meiner unbeschreiblichen Freude bekam ein älterer Herr nicht weniger als dreimal die Sahnetorte ins Gesicht. Man sieht so etwas heute viel zu selten. Ich habe geschrien vor Lachen. Ich weiß nicht, warum ich Sahnetortenwürfe so ungemein komisch finde. Aber Tatsache ist, daß ich, sollte eine Zeitschrift auf den Gedanken kommen, mich für die Rubrik »Welches ist Ihr größter geheimer Wunsch?« zu interviewen, – daß ich glatt antworten würde : »Jemandem eine reelle Sahnetorte ins Gesicht schmeißen!« Und dann wundert man sich, wenn es Krieg gibt. Ich meine : wenn die Menschen so sind.

Aber ehrgeizig bin ich. Komm mir nur nicht und sag, das klinge unglaubwürdig. Solltest Du es nicht glauben, will ich Dir erzählen, daß ich dieser Tage auf Stellungsuche war. Nebenarbeit, verstehst Du? In der Zeitung stand eine Anzeige, daß eine perfekte Schreibmaschinenkraft »für Nebenarbeit an den Abenden gesucht wird«. Es war ein neueröffnetes Schreibmaschinenbüro hier in der Stadt, das inserierte.

Ich kann Armsein nicht leiden. Du begreifst sicher, wenn in einer Familie fünf Kinder sind, fällt auf den einzelnen kein allzu großer Anteil vom ausgesetzten Taschengeld. Du mußt nicht denken, daß ich undankbar bin. Ich denke schon daran, daß es viele, viele arme Kinder auf der Welt gibt, die das Wort Taschengeld gar nicht kennen. Das ändert aber nichts an der Tatsache, daß es eine Menge Dinge gibt, die ich haben möchte.

Mama sagt – und sicher ist es richtig –, es gäbe nichts Schlimmeres auf der Welt als die Habenwollen-Krankheit, und man sei am zufriedensten und glücklichsten, wenn man nicht immer haben wolle, was man nicht haben kann. Sicher gebe ich mir die größte Mühe, Genügsamkeit ohne Murren zu lernen, und meistens geht es auch recht gut. Als ich aber die Anzeige in der Zeitung sah, stand bei mir die Habenwollen-Krankheit sofort wieder in vollster Blüte.

Schließlich *habe* ich ja einen Schreibmaschinenkursus hinter mir, und ich war bestimmt ein strenger Lehrer. Hier war also endlich meine Chance, mein Lehrgeld in bar wieder hereinzubekommen, und außerdem winkte Geld, wovon ich die hellblaue Bluse kaufen wollte, die ich so nötig brauchte – wie ich glaubte.

Ohne jemandem etwas von meinen Plänen zu erzählen, ging ich nachmittags in dieses Schreibbüro. Eine Dame mit der Miene eines Heerführers und einer haarigen Warze auf dem Kinn empfing mich.

»Sie schreiben perfekt Schreibmaschine, Fräulein?« fragte sie und sah mich mit sehr zweifelndem Blick an.

»O ja, kolossal perfekt«, antwortete ich geschmeidig und versuchte, perfekt auszusehen.

»Schreiben Sie hier Probe«, befahl die warzige Dame und setzte mich an eine Schreibmaschine. Sie selbst ging in ein anderes Zimmer. Ich schritt ans Werk.

Du weißt, wenn man Maschine schreibt, sollen die Finger auf der mittleren Buchstabenreihe der Tastatur ruhen und von dort aus nur kleine Ausflüge nach hier und da in die Umgebung unternehmen. Die Augen sollen den Text lesen und nicht auf der Tastatur umherirren, die Finger müssen von allein wissen, wo sie zu Hause sind. Es gelang mir aber, schon von Anfang an und ohne daß ich es bemerkte, meine Finger in die obere Buchstabenreihe der Tastatur hinaufzufummeln, und ich begann mit dem Schreiben, als gelte es das Leben, und ich hoffte, die Tante im Nebenzimmer würde voller Anerkennung feststellen, daß ich loslegte wie ein Maschinengewehr.

Nach einem Weilchen sah ich nach, was ich geschrieben hatte. Und auf dem feinen, weißen Papier stand folgendes herzzerreißendes Resultat:

Q55 Wh48fg uqwi8j o4 3u ui94 kowa5 w9u i71f34okht.

Niemand soll an meinem Grabe sagen können, ich hätte nicht gewußt, wann eine Schlacht verloren war. Ich sah ein, der Zeitpunkt für einen geordneten Rückzug war da, und ich schlängelte mich durch die Tür, ohne die Zeit mit einem unnützen »Auf Wiedersehen« zu vergeuden. Jetzt allerdings mache ich mir richtig Vorwürfe, daß ich versäumt habe, mir den Gesichtsausdruck der Warzendame anzusehen, als sie zurückkam und mein Werk betrachtete:

Q55 Wh48fg uqwi8j o4 3u ui94 kowa5 w9u i71f34okht.

Ich habe inzwischen eingesehen, daß erstens die hellblaue Bluse absolut unnötig ist und daß es zweitens idiotisch ist, sich Abendarbeit aufzuhalsen, da unsere Lehrerinnen uns nie arbeitslos werden lassen.

Außerdem *habe* ich ja Nebenarbeit. Dank sei Alida! Alida beantwortet Heiratsanzeigen. Und als sie einen Abend lang über einer Antwort geschwitzt und doch nicht mehr zustande bekommen hatte als: »ich bin gans dik und intirisire mich für ahles mökliche«, kam sie in ihrer Not zu mir.

Zuerst mußte ich echte, heilige Eide schwören, niemandem in der Familie davon zu erzählen. Dann rückte sie mit ihren Wünschen heraus. Arme Alida. Nun ist sie bald vierzig und eine fröhliche und mütterliche Natur, die wirklich besser ein eigenes Heim hätte, als sich hier bei uns an uns abzunutzen. Ja, sie hat jetzt beschlossen, daß – koste es, was es wolle, – »nun endlich ein Mann angeschafft wird«.

Wir beantworten also ununterbrochen Anzeigen. Zur Zeit liegen wir sowohl mit einem »gläubigen Mann mit eigener Bettwäsche« als auch mit einem, »der das Leben erprobt hat«, in Verhandlungen. Mir liegt der mit der Bettwäsche mehr, aber ich habe das Gefühl, der, der das Leben erprobt hat, macht einen tieferen Eindruck auf Alida. Er schreibt, daß »in all den langen Jahren, die nun leer dahingegangen sind, eine wilde Sehnsucht nach einem netten kleinen Frauchen, mit der man am warmen häuslichen Herd süß zwitschern kann«, in ihm gewühlt habe, und Alida brennt vor Verlangen, endlich mit dem Zwitschern zu beginnen. Gewisse Anzeichen deuten jedoch darauf hin, daß er, »der das Leben erprobt hat«, es so gründlich getan hat, daß er nicht sehr gnädig zu der sein wird, die in Zukunft für ihn zwitschern soll. Ich tue also, was ich kann, um Alida auf bessere Gedanken zu bringen und ihren Sinn auf den Gläubigen zu lenken.

Mach es gut und blüh weiter!

Britt-Mari

17. November

Kajsalein!

Ich überlege, wie so ein Abend wohl in Stockholm aussieht. Funkelnde Lichtreklamen, Menschen, die in den Vorhallen der Kinos und in den Restaurants hin- und herwogen, strahlende Schaufenster, mit allem nur denkbaren Tand und Flitter angefüllt – ist es nicht so?

Möchtest Du wissen, wie es bei uns aussieht? Man kann es mit einem einzigen Wort schildern: traurig. Man könnte sogar riesentraurig sagen. Gegen Abend ging ich mit meinem Regencape und den Gummischuhen spazieren. Der Regen goß herunter, und die Straßenlaternen schienen schwermutsvoll in das Novemberdunkel hinein. Zuerst ging ich zu Annastina, um mich durch einen kleinen Schnack wieder aufzumuntern, aber sie war leider zu ihrer Tante gegangen. Dieser dumme Einfall von Annastina brachte mich ganz durcheinander, und ich zog wieder in das Schmutzwetter hinaus.

O düsterste aller Düsterkeiten – unsere Hauptstraße an einem regnerischen Novemberabend! Keine Katze zu sehen! Wenn man nicht Schutzmann Andersson zum Katzengeschlecht rechnen will. Da ging er in seiner Regenkapuze und machte durchaus den Eindruck, als litte er unter Zwangsvorstellungen. Alle Schaufenster waren dunkel. Nur im Schaufenster des Manufakturwarenladens von Magnusson brannte Licht. Da standen einige Schaufensterpuppen mit bezwingendem Lächeln und glaubten sicher, daß sie in den Modeschöpfungen, mit denen Herr Magnusson sie feierlich behängt hatte, unwiderstehlich waren. Aber ich weiß nicht... Jedenfalls stimmt die Auffassung von Herrn Magnusson über wahre Eleganz nicht mit der meinen überein. Nachdem ich das betrübt festgestellt hatte, ging ich in Johannsons Konditorei in der Hoffnung, dort einen verständnisvollen Menschen anzutreffen, der mir helfen würde, die Welträtsel nicht allzu schnell zu lösen – jedenfalls nicht, bevor es aufgehört hatte zu regnen.

Wenn ich ehrlich sein soll, so war es Bertil, den mein spähendes Auge suchte. Ich habe ihn lange nicht getroffen und hätte große Lust, ihm zu sagen, daß ich mir aus Torte gar nichts mache. Leider war er nicht anwesend. In höchstem Grade anwesend waren statt dessen Stig Henningson und Mariann Uddén. Als ich sie sah, konnte ich es nicht unterlassen, an die Worte eines alten dänischen Herrn zu denken, den ich kenne und der über ein junges Paar in unserer Bekanntschaft einmal gesagt hat: »Schön sind sie ja nicht, aber sie passen wenigstens zueinander.«

Und das taten Stig und Mariann, wie sie da gleich lässig gutgekleidet und gleich hochmütig zusammen an ihrem Tisch saßen. Ich nickte ihnen im Vorbeisteuern zu und segelte weiter. Draußen aber konnte ich das Novemberwetter einfach nicht mehr aushalten und ging nach Hause.

O lieblichste aller Lieblichkeiten – die Familie versammelt um den Ofen im großen Zimmer! Majken reichte Tee und lecker zurechtgemachte Brote, und Papa las aus Shakespeare vor. Dann stimmten wir gemeinsam einen Kanon an:

»Willst du, willst du, wiwiwiwiwillst du mit uns in den Wald hinein? Aber ja, jajaja, aber aber aber aber jajaja, natürlich will ich in den Wald hihihihihinein!«

»Nicht bei diesem Wetter«, sagte Jerker, als wir zu Ende gesungen hatten, und ich glaube, wir alle hatten das deutliche Gefühl, daß es hier am besten war.

Anschließend brachten wir alle Monika zu Bett. Zuerst legte sie kleine Proteste ein und wollte, wir sollten noch ein bißchen »mehr singen«, aber bald saß sie doch in ihrem weißen Bettchen und sah aus wie ein Engel, als sie ihr Abendgebet sprach. Sie bat den lieben Gott, Mama und Papa und Majken und Britt-Mari zu behüten und zu beschützen, »auch Svante und Alida und auch Jerker, obwohl er mich vorhin an den Haaren gezogen hat, und mich behüte auch.«

»Schlaf gut und träum schön«, sagte Mama zu ihr, bevor wir gingen.

»Ach, Mama«, sagte die Kleine, »ich habe ja schon letzte Nacht etwas so Schönes geträumt, aber ich habe es gar nicht verstanden – sicher war es für Jugendliche verboten.«

Und dann war sie sehr beleidigt, als wir lachten.

Wir setzten unser gemütliches Beisammensein fort. Mama wurde so ausgelassen, wie nur sie werden kann. Ich wünschte, Du könntest sie einmal sehen, wenn sie sich vor Papa aufbaut und nach der lustigsten Melodie singt:

Oh, warum hast du mein Herz geno-om-men?
Oh, warum hab' ich dich nur beko-om-men?
Oh, warum kann deine Lieb' nicht länger brä-än-nen?
Oh, warum willst du mich nicht mehr kä-än-nen?

»Alte Närrin«, sagt Papa und sieht sie mit jenem besonderen Blick an, den er nur hat, wenn er *sie* ansieht. Ein sehr zärtlicher und gleichzeitig ein kleines, kleines bißchen nachsichtiger Blick ist es.

Mama fing dann an, aus ihrer Jugend zu erzählen. Ich meine natürlich ihre grüne Jugend, denn sie ist ja noch immer jung. Also die Zeit, bevor sie Papa traf, die ist gemeint. Es gehört zu dem Lustigsten, was wir kennen, denn Gegenstücke zu den Tollheiten, an denen sie sowohl hier in Schweden als auch im Ausland beteiligt war, sind uns nicht bekannt.

Unter anderem erzählte sie, wie sie in England war und im Zuge nach Oxford saß. Damals war sie ungefähr zwanzig Jahre alt und reiste mit einer schwedischen Freundin. Den jungen Damen gegenüber saß ein Herr und las in der ›Times‹.

»Der Bursche sieht eigentlich recht gut aus«, sagte Mama, impulsiv wie stets und fest davon überzeugt, daß im Abteil niemand Schwedisch verstand. »Er scheint nur reichlich selbstbewußt zu sein«, fuhr sie fort. »Das ist der typische Engländer, der nur England gelten läßt.«

»Sieh doch nicht immer zu ihm hinüber«, flüsterte die Freundin, »sonst merkt er noch, daß wir über ihn sprechen!«

»Nein, nein! Ich beobachte ihn doch nur ganz diskret, und außerdem liest er in seiner Zeitung. Der hört nichts und der sieht nichts.«

Worauf Mama und ihre Freundin sein Äußeres in allen Einzelheiten besprachen und auch ihre theoretischen Gedanken über seine mutmaßlichen seelischen Eigenschaften zum besten gaben.

Mama hatte auf dieser Englandreise stets einen Pelzkragen bei sich, den sie grundsätzlich haßte. Er war alt, häßlich und teilweise abgewetzt, und Mama nannte ihn »Lindwurm«. Sie hatte diesen Namen gewählt, weil er sich wie ein Lindwurm, der eine gefangene Prinzessin zu bewachen hat, um ihren Hals schlang und – weil er nicht aufhörte, sie zu bewachen. Großmutter hatte eigensinnig darauf bestanden, daß Mama den Pelz mitnahm, um den Hals vor dem tückischen Klima in England zu schützen.

Seit dem ersten Tag auf englischem Boden hatte Mama energische Versuche unternommen, den Lindwurm loszuwerden. Sie hatte ihn in Hotels und Restaurants liegengelassen, sie hatte ihn auf der Straße verloren und ihn im Omnibus vom Hals gleiten lassen, aber – es war nicht möglich, sich seiner zu entledigen. Im letzten Augenblick erschien stets eine dienstfertige Seele, die den Lindwurm wieder herbeischleppte. Mama brauchte nur dankeschön zu sagen und widerwillig ein Geldstück aus dem Handtäschchen zu holen, um alle Mühe zu krönen.

Als der Zug nun in die Station Oxford einlief, sagte Mama:

»Mutter kann reden, was sie will! Jetzt bin ich lange genug mit dem Lindwurm umhergezogen. Jetzt ist endgültig Schluß damit.«

Und sie nahm den Pelzkragen und legte ihn ins Gepäcknetz.

»Bleib liegen und rühre dich nicht vom Fleck. Und Friede sei mit dir!« sagte Mama und verließ rasch den Zug.

Ihre Freundin hatte irgendeine Besorgung zu erledigen, und Mama stand ein Weilchen allein auf der Straße und wartete. Und da – wer kommt auf sie zu? Wirklich, der zeitunglesende Engländer aus dem Zug! In der Hand hielt er Mamas Pelzkragen. Er verbeugte sich sehr höflich und korrekt und sagte – in reinstem Schwedisch:

»Ich finde, Sie sollten den Lindwurm ruhig wieder mitnehmen! Die kühlen Abende um diese Jahreszeit ... Es ist sehr gefährlich – für den Hals.«

Und kannst Du raten, wer es war? Es war Papa! Und Mama sagt, so einen Frühling, wie in *dem* Jahr in Oxford, den hat sie in ihrem ganzen Leben nicht erlebt, und bevor der Frühling zum Sommer wurde, waren Mama und Papa miteinander verlobt.

Zwar hat Mama uns das alles schon früher viele Male erzählt, aber wir werden nicht müde, es immer wieder zu hören. Ich begreife nur nicht, wie es möglich war, daß sie im Zuge Papa genau gegenübersaß, ohne zu wissen, daß es Papa war.

»Aber ich wußte sofort, daß ich Mama gefunden hatte«, sagt Papa und sieht sehr zufrieden aus.

»Na, das ist doch wohl klar, daß du Mama erkannt hast«, sagt Jerker. »Das hätte doch jeder von uns getan. Ich wünschte nur, ich wäre auch in dem Zug gewesen. Dann hätte ich deinen boshaften Lindwurm aber mächtig verprügelt, Mama!«

Und was, glaubst Du, ist aus dem Lindwurm dann weiter geworden? Du denkst wohl, er ging einsam und verlassen irgendwo in einem kleinen englischen Nest seinem bitteren Schicksal entgegen? Keineswegs! Im Gegenteil: es begann eine neue Glanzzeit für ihn. Mama trug ihn am Verlobungstag, und anschließend wurde er im Triumph nach Schweden überführt. Nun allerdings liegt er gut eingemottet in einer Schachtel auf dem Boden. Aber in jedem Jahr am fünften Mai, an Papas und Mamas Verlobungstag, kommt er aus seinem Bau und schlingt sich treu um Mamas Hals, wenn sie und Papa ausgehen, um den Verlobungstag nach gewohnter Weise zu feiern.

Die Uhrzeiger hatten einen tüchtigen Weg zurückgelegt, während wir so saßen und plauderten. Zum Schluß ging Mama ans Klavier und spielte uns etwas vor. Sie spielt wundervoll. Es ist mein Traum, einmal so spielen zu können wie sie, aber ich weiß, es wird mir nie gelingen. Svante tut, was er kann, um mich in meinem Unglauben zu stärken. Er sagt:

»Wenn du spielst, weiß ich nicht, wer mir mehr leid tut, das Klavier oder das Musikstück.«

Ich habe ein Buch, das heißt ›Leitfaden der Harmonielehre‹. Svante hat auf dem Umschlag einige Buchstaben mit Rotstift »verbessert«.

›Leidfaden der Harmonieleere‹ kommt der Wahrheit

bedeutend näher, versichert mein geliebter Bruder. Ich fürchte leider, er hat recht.

Jetzt gehe ich ins Bett. Ich will noch ein Kapitel aus ›David Copperfield‹ lesen – wenn der Sandmann nicht dagegen ist. Aber ich gähne schon, und es wird interessant werden, wer schneller ist. Übrigens ist es eine Unsitte, abends im Bett zu lesen, aber es ist herrlich. Herrlich ist es, herrlich!

Gute Nacht, Kajsa, schlaf gut und träum nicht »für Jugendliche verbotene« Träume wie Monika.

Das wünscht Dir

Deine Britt-Mari

28. November

Liebe Kajsa!

Glücklicherweise geht der November seinem Ende zu. Ich mag fast alle Monate leiden, der November aber ist sicher der, mit dem ich auf dem schlechtesten Fuße stehe.

In englischen Büchern gehen die jungen Mädchen immer in das schlimmste Wetter hinaus und lassen sich mit Genuß den Regen über das Gesicht strömen. Sie bekommen einen herrlichen Teint davon – aber ich glaube, es muß in England anders regnen. Ich habe es einige Male ehrlich versucht und hier den Regen frei über mein Gesicht strömen lassen, aber es wäre gelogen, zu behaupten, daß es geklappt hätte. Statt der Apfelblütenhaut, die ich in meinem Gesicht zu erblicken hoffte, wenn ich, zitternd vor Erwartung, bei der Heimkehr in meinen Taschenspiegel sah, starrte mich nur ein ziemlich blaugefrorenes Gesicht an. Ich war tatsächlich und ausgemacht nicht schöner geworden. Jetzt siehst Du mich also zusammengekrochen unter meinem Regenschirm, wenn ich wie eine kleine graue Wasserratte über die Straßen husche und mich beeile, hineinzukommen.

In der Schule ist es um diese Jahreszeit auch nicht besonders aufmunternd. Den ganzen Tag brennt das elektrische Licht, und vor den Fenstern gibt es überhaupt nichts Spannendes zu sehen. Es fällt mir schwer, die Gedanken beieinander zu halten. Sind wir gerade bei den Nebenflüssen der Wolga, schweift mein Blick auf der Weltkarte umher und landet auf irgendeiner gottverlassenen Südseeinsel. Was würdest Du davon halten, zum Beispiel jetzt im November auf Diana Bank im Korallenmeer zu wohnen? Dort jetzt so umherlaufen mit nichts als einem kleinen Sarong um den Leib . . .

Ich sehe mich in den Reihen meiner Klassenkameradinnen um und versuche, mir vorzustellen, wie sie aussehen würden, wenn sie statt ihrer hübschen Schulkleider Sarongs anhätten. Mariann würde sich bestimmt gut machen und wahrscheinlich unter den armen Jungen auf Diana Bank großen Unfrieden stiften. Aber die kleine kugelige Britta Svensson kann ich mir viel besser in bayrischer Dirndltracht vorstellen, und Lisa Englund müßte in einem sibirischen Hundeschlitten über die Tundra jagen, in einen Wolfspelz gehüllt und hohe Juchtenstiefel an den Füßen. Sie ist ein mehr männlicher Typ, ja.

Oh, was kann man sich nicht alles in der Geographiestunde ausdenken, nur um von den Nebenflüssen der Wolga loszukommen! Aber die Sünde bestraft sich selbst, wenn man dann eine Frage bekommt und nicht den Namen des allerkleinsten Nebenflusses hervorbringen kann. Es ist ja nicht gut möglich, Fräulein Lundström ins Gesicht zu sagen, daß man sich eigentlich überhaupt nichts aus diesen Nebenflüssen macht und lieber von etwas Netterem, zum Beispiel von Diana Bank, sprechen möchte. Ihr ehrliches Mopsgesicht würde sich verbittert zusammenziehen. Sie sieht wirklich aus wie ein müder Mops – verwunderlich nur, daß sie nie bellt. Das heißt: bellen tut sie manchmal schon, aber ich hätte so gern einmal »wau wau« gehört.

In den Pausen drücken wir uns in den Gängen herum, falls das Wetter nicht ausnahmsweise so ist, daß wir draußen auf dem Schulhof frösteln können.

Mariann zeigt augenblicklich eine bemerkenswerte Geneigtheit, sich während der Pausen an mich zu hängen. Vielleicht findet sie es zur Abwechslung ganz nett, mit jemandem zusammen zu sein, der eine andere Meinung hat als sie. Ihre Idee damals – Du erinnerst Dich –, daß wir alle vierzehn Tage lang nicht mit Britta Svensson sprechen sollten, ist gescheitert. Ein bißchen bin ich stolz darauf. Übrigens sollte es mich wundern, wenn Mariann tief innen nicht doch ganz nett wäre. Neulich kam sie und gab mir ohne weiteres »Dichtung und Wahrheit«, sehr schön eingebunden. Ganz kurz gesagt: ich bin erstaunt. Aber Du weißt, Bücher sind das beste Lockmittel, wenn man mich fangen will. Sollte ich einmal gewalttätig werden und niemand wagt es, sich mir zu nähern, dann braucht man mir nur ein Buch vor die Nase zu halten, und ich werde so zahm sein, daß ein Säugling mit mir reden könnte.

Bald hat übrigens Mariann Geburtstag. Ihre Pensionsmutter hat gnädigst eine kleine Feier erlaubt. Einige von uns sollen dabei sein, Jungen und Mädchen. Doch, Bertil auch!

Wir sind übrigens neulich spazierengegangen. Also das mit den drei Tortenstücken ist endlich aus der Welt.

»Aber wenn wir zusammenhalten wollen, so wollen wir es wirklich«, sagte Bertil, und ich stimmte ihm zu.

Er ist der aufrichtigste Junge, den ich kenne, und wenn ich mit ihm zusammen bin, habe ich nur einen Wunsch, genauso aufrichtig und sauber und wahrhaftig zu sein wie er.

Er ist ernster als die meisten Jungen in seinem Alter. Ich glaube, das liegt vielleicht daran, daß er in seiner Jugend viel Trauriges mitgemacht hat. Seine Eltern sind geschieden, und er zog mit seiner Mutter und seiner kleinen Schwester hierher, als er zehn Jahre alt war. Sein Vater verheiratete sich sofort nach der Scheidung wieder.

»Aber meine Kinder sollen, wenn ich welche haben werde und soweit ich etwas dazu tun kann, bei ihren Eltern bleiben«, sagt er, und der Ausdruck in seinen blauen Augen ist so entschlossen und ernst, daß ich rot werde.

»Treu sein ist das Wichtigste«, sagt er, und das finde ich auch. Ist es verwunderlich, daß er reifer wirkt als seine Kameraden? Er mußte früh das männliche Oberhaupt der Familie sein. Glaub mir, er hat ein richtig nettes Zuhause, und ich kenne keinen, der sich so um die Mutter und die Schwester sorgt wie er. Papa sagt immer:

»Dieser Bertil Vidgren, ja, das ist ein Junge!«

Und dann bin ich auf eine ganz besondere Weise stolz, obwohl ich ja dazu gar keine Veranlassung habe. Du weißt doch: »Brüste dich nicht mit Bertils Ehre, jeder hat nur seine Ehre.«

Mit Bertil ist es so, daß er immer etwas zu sagen hat, etwas Richtiges. Nicht bloß irgendein Gerede. Ich weiß nicht, wie es bei Euch in Stockholm ist. Aber hier – ach, was redet man hier alles zusammen, wenn junge Leute beieinander sind! Das Geschwatze und Getue und Geplätscher – oh, ich sage Dir ... Sicher kann es manchmal recht lustig sein, aber trotzdem sehnt man sich oft danach, über etwas Wesentliches zu reden und nicht nur Höhepunkte an Ausgelassenheit zu erreichen.

»Die Kunst, den Mund zu gebrauchen, wird in unserem Kreis etwas übertrieben«, sagt Bertil. »Aber die Kunst, den Mund zu halten, wird überhaupt nicht gepflegt.«

Wenn wir zusammen unterwegs sind, Bertil und ich, können wir lange Zeit schweigen, und ich habe nicht gefunden, daß wir dabei schlecht gefahren sind. Es macht auch Spaß, mit Bertil umherzustreifen, weil er einen so lebendigen Blick für die Dinge in der Natur hat. Er kennt die Namen vieler Vögel und Gewächse, von denen ich keine Ahnung habe. Er findet Vogelnester, wo ich nur ein wenig vertrocknetes Gras sehe. Immer findet er die ersten

Schneeglöckchen, und wo ich kleine runde braune Klümpchen betrachte, weiß er sofort, daß es die Visitenkarte ist, die ein Häschen hinterlassen hat.

Na ja, nun sitzt Dir Bertil wohl schon ganz oben im Hals, und ich will Dich deshalb mit weiteren Auslegungen seines Charakters verschonen und mit einem herzlichen Gruß schließen.

Britt-Mari

Erster Sonntag im Advent

Liebe Kajsa!

Wie ist das Adventswetter in Stockholm? Kein Schnee, hoffe ich, denn sonst würde ich grün werden vor Neid. Übrigens, direkt beklagen kann man sich über unser Adventswetter nicht. Wenn auch kein Schnee liegt, so sind doch die Bäume von Rauhreif überzogen, und eine kleine rote Wintersonne strengt sich energisch an, den nebligen Himmel zu erleuchten. Es will ihr nicht ganz gelingen, aber es ist doch erfreulich zu sehen, daß sie es versucht.

Die ganze Familie war heute morgen schon sehr zeitig auf, um das erste Adventslicht anzuzünden. Mama spielte, und wir sangen: »Macht hoch die Tür, die Tor' macht weit...« Und ganz plötzlich fühlte man, daß Weihnachten in der Nähe ist. Ich finde, Weihnachten ist wie eine große Flamme, die das Dezemberdunkel erhellt. Und am ersten Adventssonntag bekommt man gleichsam die Flamme von fern zu sehen, dann nähert sie sich jeden Tag ein wenig mehr, bis sie am Heiligen Abend hell aufleuchtet und uns das Herz erwärmt.

Nach dem Frühstück machten Svante und ich mit Jerker einen flotten Spaziergang. Wir gingen durch den Wald auf das Dorf Skärshult zu. Wenn ich mir noch so große Mühe gäbe, ich könnte Dir nie beschreiben, wie schön es war. Man könnte über Diamanten reden – aber Du hättest einmal die Bäume sehen müssen, funkelnd im Rauhreif!

Jerker lief zwischen den Bäumen umher wie ein kleiner Hund, und wenn ich es recht bedenke, hat er etwa einen doppelt so langen Weg hinter sich gebracht wie Svante und ich.

Draußen vor Skärshult liegt eine verfallene Tagelöhnerhütte. Dorthin gingen wir. Im Sommer, wenn der Flieder und die alten, knorrigen Apfelbäume blühen, ist es herrlich. Ich finde es traurig, sich vorzustellen, daß dort einmal Menschen gelebt haben, die in der Hütte wohnten und ringsum das Feld bestellten, und daß das alles nun so öde und verfallen daliegt. Vielleicht hat der Tagelöhner, der die jungen Apfelstämme nach Hause brachte und sie in die Erde setzte, gehofft, daß seine Kinder und Kindeskinder und Kindeskindeskinder immer und auf ewige Zeit dort wohnen bleiben und immer neue und neue Apfelbäume pflanzen würden, wenn die alten vergangen wären – glaubst Du nicht auch?

An der Tür war kein Schloß, deshalb gingen wir hinein. Überall in den Winkeln hingen Spinnengewebe, und alle Fensterscheiben fehlten. Deutlich sah man, daß viele, viele Füße den Boden abgenutzt hatten. Die ganze Hütte bestand aus einem Zimmer und der Küche. Und dann der riesige offene Kamin in der Stube: Wer weiß, wie viele kleine Tagelöhnerkinder dort gesessen und sich die Füßchen am Feuer gewärmt haben, während die Mutter in der Küche Grütze kochte und die Dunkelheit wie eine Mauer vor den Fenstern stand.

Jerker lief umher und stöberte in den Ecken, und dann kam er wirklich mit einem Päckchen alter Briefe an, die er in einem Verschlag gefunden hatte. Es waren alles Briefe aus Amerika, abgeschickt in Duluth, Minnesota. Sie trugen Daten aus dem Jahre 1885. Deshalb fand ich, es sei wohl keine große Sünde, sie zu lesen. Hilma Karlsson hatte sie an ihre Eltern in Skärshult geschrieben. Es wäre recht nett in den Staaten, schrieb sie, wenn man auch hart arbeiten müsse und es für nichts kein money gäbe. Und sie hatte so große Sehnsucht nach Mutters Grützwurst. Ja, aber liebe Hilma, was hattest du denn in Amerika zu suchen? Du hättest in Ruhe und Frieden zu Hause bleiben und Grützwurst essen sollen, bis du satt warst. Dann wären Vater und Mutter nicht einsam gestorben, und Skärshult wäre jetzt keine Ruine. Aber wer weiß, vielleicht war Hilma so arm, daß Amerika der einzige Ausweg war?

Dann gingen wir nach Hause, und am Nachmittag fiel Jerker in die Badewanne, als er seine Borkenboote segeln lassen wollte. Über seinem Ohr hatte er einen großen Riß, und Majken mußte mit ihm hinauf zum Krankenhaus, damit der Riß genäht wurde. Du begreifst wohl, daß er sich als »Held des Tages« fühlte, als er mit einem von Heftpflaster gehaltenen süßen kleinen Verband zurückkam. Aber die Pausen, die wolle er in den nächsten Wochen nicht mehr auf dem Schulhof, sondern lieber in der Klasse verbringen, meinte er.

»Warum in aller Welt willst du das tun?« fragte ich arglos. »Der Schulhof kann doch deinem Ohr nichts schaden.«

»Denkst *du*!« antwortete Jerker entrüstet. »Hast du eine Ahnung, wie es bei uns in der Schule zugeht! Wenn ich morgen in der Pause runtergehe, ist das ganze Ohr ab, wenn ich nach Hause komme.«

Also sprach der kleine Krieger!

Aber ich weiß tatsächlich, daß die Knäblein untereinander hart zufassen. Als ich neulich an der Schule vorbeiging, sah ich gerade, wie sich Jerker mit dem Kriegsruf »Kampf und Sieg« kopfüber in ein Knäuel von fünf oder sechs Jungen stürzte, die sich aus Leibeskräften rauften.

Es ist also sicher klug von ihm, vorläufig während der Pausen im Schutz des Klassenzimmers zu bleiben.

Sonst gibt es aus Småstad nichts Neues zu berichten.

Doch! Richtig! Wir waren ja bei Mariann! Magst Du es hören? Tee, Butterbrote und eine ausreichende Abfuhr für

Stig Henningson waren der Ertrag dieses Abends. Die Abfuhr erteilte ihm Bertil und zwar so:

Stig hielt sich unnötig lange vor dem Spiegel im Korridor auf, zupfte an der Krawatte, kämmte im Haar herum und schien überhaupt sehr zufrieden beim Anblick seines Abbildes, so daß einer der Jungen schließlich ein wenig höhnisch zu ihm sagte:

»Na, Stig, macht wohl Spaß, sich zu spiegeln?«

Worauf Stig antwortete:

»Aber natürlich! Es geht mir eben wie den Blümlein auf der Sommerwiese, ich erfreue mich an meiner eigenen Schönheit.«

Der nächste Satz kam von Bertil, der höchst trocken sagte:

»Wie schön, jemand zu sehen, der sich über so wenig freuen kann.«

Sicher sind schon witzigere Sachen gesagt worden – ich will das gar nicht leugnen. Auf jeden Fall war Stig aber ziemlich erschüttert, und das ist ja so gesund für ihn, so gesund!

Er wohnt in derselben Pension wie Mariann, ist also gleich bei der Hand und kaum zu übergehen, sonst hätte man vielleicht einen besseren Kavalier ausfindig machen können.

Mariann bekam keine schlechten Geschenke. Herr und Frau Direktor hatten ihr Äußerstes getan, um den fünfzehnten Geburtstag ihrer Tochter würdig zu feiern. Hör zu: einen kleinen Reisekoffer aus Schweinsleder, zwei Pyjamas aus der herrlichsten Japanseide, ein rotes Maniküre-Etui, ein allerliebstes silbernes Armband, fünfundzwanzig Kronen in bar und drei Paar Nylons. Aber kein einziges Buch! Ich müßte mindestens fünfmal Geburtstag haben, um so viele Dinge einzuheimsen wie Mariann an einem einzigen – und trotzdem! Hätte ich Geburtstag und bekäme kein Buch, ich würde anfangen, in allem Ernst an der Weltordnung zu zweifeln.

Im übrigen war es so lustig und vergnügt wie nur

möglich. Anfangs tanzten wir, aber es endete damit, daß wir wurden wie die Kinder. Wir spielten doch wahrhaftig »Blindekuh« und »Such das Pfand« – hast Du so etwas schon gehört? Wir spielten auch »Vereinigung der unvorbereiteten Redner«, und Bertil hielt eine recht amüsante Rede über das Thema Vergleich zwischen dem Seelenleben der Pinguine und dem der Schönheitsköniginnen. Ich selbst bekam den Auftrag, über »Schinken« zu sprechen, und ich will nicht behaupten, daß ich es gut machte. Aber findest Du nicht auch, daß das ein ausgesprochen idiotisches Thema war? Zu meiner Verteidigung möchte ich bemerken, daß ich mich ausschließlich an Julschinken hielt.

Nun, mein Kind, darf ich wohl mit den ernstesten Ermahnungen schließen: Beginne schleunigst mit den Weihnachtshandarbeiten, stricke Topflappen und häkle kleine, kräftige, überflüssige Deckchen, damit man nicht nur im Kalender sieht, daß es weihnachtet.

Britt-Mari

14. Dezember

Hallo, liebe Brieffreundin,

Du bist also auch in diesem Jahr noch nicht Lucia-Braut* geworden? Kajsa, Kajsa, was machst Du eigentlich aus Dir? Nach dem Bild, das Du mir geschickt hast, bist Du doch genauso hold und schön, wie man es von einer Lichtkönigin verlangt. Du hättest Dich gar nicht zur Konkurrenz angemeldet, sagst Du? Ja, dann bist Du natürlich selbst schuld, wenn Du nicht diejenige warst, die gestern abend im

---

* Lucia-Bräute: Weißgekleidete junge Mädchen, die im Haar einen Kranz mit brennenden Kerzen tragen. In den nordischen Ländern, besonders in Schweden, gelten sie als »Lichtbringerinnen«. Am 13. Dezember bringen sie ihren Familienangehörigen morgens Kaffee und Kuchen und allerlei leckere Sachen ans Bett.

Prunkgewand mit weißem Kaninchenpelz durch die Straßen Stockholms fahren durfte.

Hier im Hause bei uns haben wir den Lucia-Tag nachdrücklich gefeiert. Unsere Lichtkönigin war Alida. Sie war in ihr bestes weißes, gesticktes Nachthemd geschlüpft. Manchmal habe ich mir ja vorgestellt, daß eine Lucia zierlicher sein müsse und auf keinen Fall über neunzig Kilo wiegen dürfe, aber sicher ist das ein uraltes Vorurteil von mir, das ich wohl jetzt über Bord werfen muß.

Sei dem, wie ihm wolle – es war doch herrlich heimelig, von Alida geweckt zu werden. Ihre tiefen, wenn auch ein wenig falschen Brusttöne, mit denen sie ihr Sankta-Lucia-Lied auf mich losschmetterte, ließen fast die Decke einstürzen; aber es wurde trotzdem gemütlich, als sie mir den Kaffee und ganz frische Safranbrötchen und Pfefferkuchen ans Bett brachte. In Alidas Fußspuren, aber völlig von ihrer stattlichen Gestalt in den Schatten gestellt, folgte das kleine Sternenkind Jerker mit dem Spitzhut auf dem Kopf. Ein zahnloseres Sternenkind ist bestimmt niemals auf der nördlichen Halbkugel gesichtet worden. Es war ihm gelungen, zwei weitere Zähne loszuwerden, seit ich ihn das letztemal gesehen hatte. Ich hatte vorher nicht gewußt, daß Kinder so viele Zähne auf einmal verlieren können, aber Jerker macht seine Sache gründlich, das muß man ihm lassen.

Als ich nun den Kaffee ausgetrunken hatte, schlich ich hinter Alida her in das Kinderzimmer. Ich wollte so gern Monikas Gesicht sehen, wenn sie Alida erblickte. Ich nahm an, sie würde »wie aus allen Wolken gefallen« sein, aber glaub nur das nicht. Sie setzte sich in ihrem Bettchen auf, sah Alida ein Weilchen nachdenklich an und sagte dann unendlich gleichgültig:

»Ich glaube, du hast Licht im Haar.«

Das war alles.

Nachdem Alida sich ungefähr fünfmal durch ›Sankta Lucia‹ hindurchgesungen hatte, waren wir alle des Liedes ziemlich müde. Außerdem war es Zeit, sich zur Schule zu trollen. Die Straßen waren noch dunkel, aber in fast allen Fenstern brannte Licht. Viele Menschen waren unterwegs, und alle hatten fröhliche Gesichter. Sag Du also nicht etwa, daß die Kleinstädter sich vor dem Lucia-Fest drücken.

Ich war etwas verspätet und mußte deshalb das letzte Stück Wegs rennen, aber es gelang mir doch noch, durch die Tür zu schlüpfen, ehe die Schuluhr mit ihren acht Schlägen ganz fertig war. Unsere Direktorin hielt die Morgenandacht. Das tut sie meistens selbst. Wenn es jemand anders macht, finde ich immer, der Tag hat nicht richtig angefangen. Ich mag ihre ruhige Stimme gern hören, und ich mag die klugen Augen, mit denen sie uns anblickt. Ich spüre dann immer sehr stark den Wunsch, genauso nett zu sein, wie sie anscheinend glaubt, daß man ist. Sie ist eine gute Lehrerin, aber ein noch besserer Mensch, »und«, sagt Papa, »darf ich wählen zwischen einem schlechten Lehrer, der ein guter Mensch ist, und einem guten Lehrer, der ein schlechter Mensch ist, dann wähle ich ohne Zweifel den erstgenannten.« Wir sind glücklich, eine Direktorin zu haben, die in beiden Beziehungen gut ist.

Und das eine weiß ich: Würde ich eines Tages in eine böse Situation geraten, in der ich mir nicht zu helfen wüßte, und könnte Mama und Papa nicht erreichen, ich würde schnellstens mit meinen Sorgen zu meiner Direktorin gehen.

Der Andachtsraum war mit Kerzen geschmückt, und Kerzen hatten wir auch im Klassenzimmer. Der Tag fing also festlich an, und er klang eigentlich auch festlich aus. Das Rote Kreuz veranstaltete nämlich einen Unterhaltungsabend im Gymnasium. Unter anderem wurde ein kleines Stück aufgeführt, das schon im Frühjahr am »Tag des Kindes« gespielt worden war. Svante und ich hatten jeder eine Rolle in diesem Stück. Es gehört zur Rolle, daß ich an einer Stelle Svante ordentlich zu verprügeln habe, und Du kannst mir glauben, daß ich mit großem Eifer und wahrer Wonne zu Werke ging. Denn Svante hatte vorher die ganze Zeit hindurch versucht, wenn er mit dem Rücken zum Publikum stand, mich durch die widerwärtigste

Grimassenschneiderei dazu zu bringen, aus der Rolle zu fallen und zu lachen. Und tatsächlich brachte er mich so weit, daß ich die betrübliche Tatsache »Ihre Gnaden werden am Donnerstag beerdigt« nur mit einem schlecht zurückgehaltenen Kichern zur Kenntnis gab. Ich glaube also, unser Regisseur hatte recht, als er mich zum Schluß wegen der realistischen Prügelszene, die ich geliefert hätte, lobte.

Aber noch ein Unglück traf Svante. Er hatte nämlich an einer Stelle zu sagen : »Herr Graf, die Pferde sind gesattelt«, aber wahrscheinlich hatte er so heftig grimassiert, daß seine Zunge sich jetzt verhedderte, denn er sagte statt dessen :

»Herr Sattel, die Grafen sind gepferdet.«

Ich mußte mich umdrehen und schnell an etwas sehr, sehr Trauriges denken, damit ich nicht an einem öffentlichen Skandal schuldig wurde. Aber nun weiß ich endlich, was ich zu sagen habe, wenn Svante kommt und mich ärgern will. Gehässig werde ich Stimme und Hand erheben und sprechen :

»Vorsicht, Herr Sattel! Die Grafen sind gepferdet?«

Nach dem Theaterstück gab es Gesang in reicher Fülle. Von zwei Damen, die einander eigentlich lieber die Haare ausgerissen hätten. Die eine ist Musiklehrerin und unterrichtet sowohl in der Mädchenschule als auch im Gymnasium. Sie hat eine schöne Stimme. Das kann man aber mit dem besten Willen von der anderen Dame nicht sagen. Sie ist eine unglaublich willensstarke Dame, verheiratet mit dem Zeichenlehrer des Gymnasiums. Frau Ahlberg – so heißt sie – weiß, wo der Schrank stehen soll, und Du kannst Dich darauf verlassen, daß sie ihn dort hinstellt. Herr Ahlberg, der Allerbescheidenste und Friedfertigste innerhalb der Gilde der Zeichenlehrer, hat weiter nichts zu tun, als sich zu fügen.

Frau Ahlberg lebt in der völlig falschen Vorstellung, daß sie singen kann (und wenn sie einmal angefangen hat, hört sie so bald nicht wieder auf). Als das Festkomitee Fräulein Andersson mit den Gesangsdarbietungen beauftragte, gab es bei Frau Ahlberg natürlich Jammern und Wehklagen.

Im Galopp kam sie also zu Mama, die beim Roten Kreuz einigen Einfluß hat, und hockte, mit einem Blick in den Augen, der an ein angeschossenes Reh denken ließ, einen ganzen Nachmittag bei uns, um pausenlos Fräulein Andersson zu verleumden. Aber Mama mit Verleumdungen zu kommen, ist ungefähr ebenso aussichtslos, wie einen bengalischen Königstiger mit Zwieback füttern zu wollen. Ebenso unmöglich nämlich. Sobald Frau Ahlberg mit etwas Mißgunst gegen Fräulein Andersson zum Vorschein kam, lenkte Mama das Gespräch auf sehr hochtrabende Allgemeinthemen. Ich saß im Nebenzimmer und hörte zu – und hatte meinen Spaß. Frau Ahlberg konnte sagen, was sie wollte, es gelang Mama immer wieder, den Übergang zu einer Diskussion über die Ethik oder die Moral des heutigen Menschen oder Ähnliches zu finden. Aber Frau Ahlberg war zähe, sie wollte nicht von ihrem Thema abgehen, und schließlich sagte Mama:

»Und wie wäre es, meine liebe Frau Ahlberg, wenn Sie mit Fräulein Andersson ein kleines Duett singen würden?«

Daß Frau Ahlberg nicht schrie, wundert mich. Aber wütend war sie, als sie antwortete:

»Frau Hagström, Sie belieben wohl zu scherzen!«

Dann ging sie, und Mama sagte:

»Puh! Edle Gefühle erzeugt der Gesang, das ist sicher!«

Aber dann hatte Mama doch wohl Mitleid mit Frau Ahlberg, und das Ergebnis war, daß sie auch singen durfte.

»Singen lassen kann man sie ja«, sagte Mama. »Die Schwierigkeit ist nur, sie wieder zum Aufhören zu bewegen.«

Unter anderem sang Frau Ahlberg auch das »Wo die Birken rauschen« von Merikanto (Du weißt schon), und sie tremolierte so gefühlvoll wie möglich: ». . . einander das Leben zu versüßen.«

Herr Ahlberg saß im Saal. Ich möchte wissen, was er sich dachte.

». . . einander das Leben zu verbittern, meint sie wohl«,

murmelte Svante, der hinter dem Vorhang stand und zuhörte.

Denk nur, bald ist die Schule für dieses Jahr beendet. Es wird unleugbar schön werden, die Schularbeiten eine Weile los zu sein und sich mehr dem Häuslichen widmen zu können. Majken hat bereits angefangen. Mit Alidas Hilfe hat sie das ganze Haus auf den Kopf gestellt. Sie glaubt nicht, daß es christliche Weihnachten sind, wenn nicht jedes Fenster geputzt, jeder Boden gebohnert und jedes einzelne Silbermesser so poliert ist, daß man sich darin spiegeln kann.

Alles Gute für Dich! Daß wir noch einmal Zeit finden, einander vor dem Fest zu schreiben, hofft

Britt-Mari

22. Dezember

Liebe Kajsa!

Nimm ein Liter Milch, zwei Eßlöffel Zucker, drei Eßlöffel Maizena sowie drei Eier und rühre alles in einem Topf auf der Flamme gut durch. Was, glaubst Du, wird das geben? Im Kochbuch steht: Maizenacreme, aber dahin brachte ich es nicht. Es wurde etwas, das man als Kleister bezeichnen konnte, fand ich. Jedenfalls weigerte sich die Familie, es als Nachtisch anzuerkennen, alle, außer Jerker, der mit den Schweinen gemein hat, daß er Allesfresser ist.

Natürlich ist das bitter. Da kommt man nach Schulschluß nach Hause und wirft sich mit seinem ganzen jugendlichen Enthusiasmus und aufgekrempelten Ärmeln in die Hausarbeit, und was ist das Resultat? Kleister! Außerdem Hohn und Spott von den nächsten Angehörigen, besonders von Svante.

»Woher hast du das Rezept?« fragte er, als er den Kleister probiert hatte.

»Ich habe es aus dem Kochbuch genommen, wenn du es wissen willst«, antwortete ich wütend.

»Gut!« sagte er. »Gut, daß du es herausgenommen hast. Es hätte nie darin stehen sollen.«

Und als ich mich nachher anbot, Majken beim Pfefferkuchenbacken zu helfen, sagte Svante:

»Lade die Verantwortung nicht auf dich, Majken. Laß sie lieber Tassen abwaschen oder Holz tragen. Denn sonst süßt sie noch die Pfefferkuchen mit Arsenik.«

»Aha«, sagte ich, »der Herr Sattel glaubt wohl, daß die Grafen gepferdet sind. Aber du kannst beruhigt sein. Für dich lege ich kein Geld in Arsenik an. Es wird billiger, dich *direkt* totzuschlagen.«

Damit gab ich ihm meinen berühmten rechten Haken. Aber die Hoffnung, ihn dadurch etwas zu dämpfen, wurde enttäuscht – er lachte nur. Und da fand ich, es sei am besten, mitzulachen.

»Hört auf, euch zu prügeln, Kinder«, sagte Majken.

Sie geht umher wie ein General während einer großen Schlacht, und bevor wir blinzeln können, hat sie Arbeit für uns. Svante und Jerker sollen Holz hereinholen, daß es für die ganzen Feiertage reicht, und ich backe Pfefferkuchen. Monika klatscht an einem eigenen kleinen Stück Pfefferkuchenteig herum, und es gelingt ihr, Kuchen von den allerseltsamsten Formen hervorzuzaubern. Alida bäckt Weißbrot und Safranbrot und gewaltige Mengen Kleingebäck. Majken stellt den Speisezettel für die Feiertage zusammen und bestellt so viele Lebensmittel, daß man glauben könnte, sie hätte die Absicht, den ganzen Bezirk zu beköstigen.

Mama kauft Weihnachtsgeschenke ein, die sie am nächsten Tag umtauscht, und Papa – liest.

Das Großreinemachen ist beendet, nur am Tag vor Weihnachten werden wir hier und dort ein wenig »kleinputzen«. Die Weihnachtswürste sind fertig, die Sülze ist steif, und vom Fleischer ist der Schinken eingetroffen. Von uns aus kann es also beginnen. Die Sirupbonbons haben wir neulich abends gekocht, und ich finde, das ist die netteste aller Weihnachtsvorbereitungen. Wir versammeln uns dazu alle in der Küche – auch Mama und Papa. Papas Aufgabe besteht darin, uns mit Vorlesen zu unterhalten, Monikas, uns vor den Füßen umherzulaufen. Jedesmal, wenn sie in der Nähe des Herdes auftaucht, schlägt einem das Herz bis zum Halse hinauf. Jerker hält es für seine Aufgabe, die heißen Sirupbonbons zu kosten. Das macht er regelmäßig jedes Jahr, und jedesmal steigt derselbe wilde Schrei zur Decke hinauf. Und da wird gesagt, gebranntes Kind scheut das Feuer. Auf jeden Fall scheuen gebrannte Kinder keine Sirupbonbons, das kann ich bezeugen.

Ich wünschte, Du wärst heute abend hier. Dann könnte ich Dir bei uns in der Küche Kaffee kochen, und Du könntest das Gebackene probieren. Gerade jetzt ist unsere Küche so gemütlich und nett mit dem Flickenteppich auf dem Boden, den blankgescheuerten Kesseln an den Wänden, der rotkarierten Decke auf dem großen Tisch und dem gefransten Seidenpapier um die Herdstange. Ich komme mir so reich vor, wenn ich in die Speisekammer sehe, die vollgestopft ist mit Eßwaren für Weihnachten und mit Keksdosen, die fast überlaufen. Stell Dir vor, daß nun schon in zwei Tagen Weihnachten ist! Und stell Dir vor: man kann doch jedes Jahr wieder gleich erwartungsvoll sein. An dem Tag, an dem ich nicht mehr das Kitzeln im Magen verspüre, wenn ich an Heiligabend denke, an dem Tag weiß ich, daß ich alt bin!

Morgen wollen Svante und ich Weihnachtsgeschenke einkaufen. Natürlich ist es eine Unsitte, so lange damit zu warten, aber was soll man tun, wenn man nun einmal so veranlagt ist! Majken hat ihre Geschenke bereits seit Wochen, aber sie will trotzdem mitgehen, um Jerker und Monika beim Einkaufen zu helfen. Es wird also eine ganz stattliche Karawane werden, die da morgen zu Weihnachtsbesorgungen auszieht. Auf irgendeine Weise gefällt mir aber der Weihnachtshandel in letzter Minute, wenn die Geschäfte mit Menschen vollgestopft sind. Sicher muß man dann doppelt so lange warten, aber man trifft doch immer

Bekannte, mit denen man reden kann und denen man Ratschläge wegen der zu kaufenden Geschenke erteilen kann. (Ich bin immer sehr geschmeichelt, wenn jemand meine Ansicht über die Qualität von gefütterten Unterhosen oder Unterhemden wissen will.) Wenn man Weihnachtsgeschenke einkauft, *muß* es voll sein, das ist meine Meinung. Andere Menschen dürfen gern kurz nach Michaelis einkaufen, wenn es ihnen Spaß macht.

Kajsa – Kajsa! Es schneit! Es schneit! Ja, ungelogen: es schneit! Der erste Schnee! Und da habe ich nun hier gesessen und geschrieben und nichts davon bemerkt, und wie ich plötzlich den Kopf hebe und aus dem Fenster sehe, ist das doch wahrhaftig der feinste, reinste, weißeste Schnee, der da herunterwirbelt. Zwei Tage vor Weihnachten – das ist doch wohl ideal? Morgen abend wollen Svante und ich den Weihnachtsbaum wie immer von unserem alten Lieferanten am Schmiedehügel holen. Ich glaube, wir nehmen den langen Schlitten, da liegt der Baum gut. Kannst Du uns gehen sehen: auf dem schmalen Waldweg, zwischen den schneebedeckten Tannen, die Sterne über unseren Köpfen, in der großen Stille? Wenn das keine Weihnachtspostkarte ist, verstehe ich eben nichts von Weihnachtspostkarten.

Nun aber, Kajsa, will ich Dir von ganzem Herzen einen richtig guten, altmodischen Weihnachtsabend wünschen mit Frieden und Freude und all dem Guten, das Du ersehnst.

Deine Britt-Mari

2. Feiertag

Liebe Kajsa!

Wird nicht mit dem Weihnachtsbaum und dem Festessen und den Geschenken ein wenig zu viel Reklame gemacht? Ich bin geneigt, es zu glauben. Ich glaube es in jedem Jahr wieder, wenn ich am zweiten Feiertag voll und prall herumsitze und das Essen vom Vortag verdaue. Wehe dem, der dann kommt und mir Salami und Schinken anbietet! Handgreiflich gegen ihn vorzugehen, schaffe ich gewiß nicht, aber ich kann dem Betreffenden immerhin einen Blick zuwerfen, der ihn verstehen läßt, wie zweckwidrig sein Auftreten ist.

Ich will aber nicht undankbar sein. Ich habe herrliche Weihnachten gehabt, das will ich selbst in Stunden der Übersättigung nicht leugnen. Soll ich Dir erzählen, wie wir gefeiert haben? Da Du keine Gelegenheit hast, nein zu sagen, benutze ich Deine Wehrlosigkeit und beginne.

Als wir Heiligabend aufwachten, da war wirklich Weihnachten. Während wir noch schliefen, hatten Mama und Majken alle die Dinge hervorgesucht, die nun einmal zum Fest gehören und die jedes Jahr wieder auftauchen: die roten Lichthalter, die Strohböcke, den entsetzlichen Zwerg aus Pappmaché, der aus Papas Elternhaus stammt, die Weihnachtsengel, die Taube, die unter der Baumkrone schweben soll, die Krippe mit dem Christkind, kurz gesagt, alle die Dinge, an die ich mich seit meinem ersten Weihnachtsfest so gut erinnere. Monika wurde beinahe wild vor Entzücken, als sie das alles zu sehen bekam, besonders über die Krippe.

»Kleiner, süßer Jesus!« rief sie und klatschte in die Hände.

So schnell es ging, sprangen wir in die Kleider. Alida hatte den Kamin im Wohnzimmer geheizt, und dort tranken wir Kaffee, wie wir es immer am Morgen des Heiligabend tun. Und wir bekamen den Kaffee aus der Kupferkanne, die nur zu Weihnachten benutzt wird. Alle Arten Gebäck standen auf dem runden Tisch: Pfefferkuchen, gefüllte Kränze, Mandelmuscheln, Zuckerbrezeln und Nußgebäck. Jedes Gebäck hat seine traditionelle Form. Einmal versuchte Alida, eine neue Form bei uns durchzusetzen, aber das Gebäck wurde mit so tiefem Mißtrauen angesehen, daß sie sicher niemals wieder wagen wird, es *so* zu backen.

Inzwischen war die Sonne aufgegangen, und als wir durch das Fenster in den Garten sahen, rief Svante:

»Das ist gelogen!«

Und wirklich konnte man ein solches Weihnachtswetter kaum für wahr halten. Wie oft gibt es Feiertage ohne Schnee oder nur mit Schneematsch. Aber nun war der ganze Garten in das weißeste Weiß gehüllt, und über allem leuchtete die Sonne.

An den Weihnachtsvormittagen gehen wir immer auf den Friedhof zu den Gräbern von Großvater und Großmutter. Wie still war es doch dort oben zwischen den alten Gräbern, so schlicht und weiß und friedevoll. Ich glaube fast, daß ich nun weiß, was damit gemeint ist, wenn gesagt wird: »Der Friede, welcher höher ist als alle Vernunft.«

Wann schmückt Ihr Euren Weihnachtsbaum? Wir niemals früher als am Vormittag des 24. Dezember. Es war also das erste, was wir taten, als wir nach Hause kamen. Wir schmückten mit dem gewohnten alten Weihnachtsbaumzierat. Unsere kostbarsten Schätze dabei sind: eine weiße Bachstelze aus Glas, die noch aus Mamas Kindheit stammt, und ein paar Watteengel, die bessere Tage gesehen haben und eigentlich den Orden für langjährige und treue Dienste erhalten müßten.

Ich würde Dir gern erzählen, wie unser Weihnachtsessen in der Küche am großen Tisch aussah, wie wir unsere Brotscheiben in die Schweinskopfbrühe stippten, Stockfisch aßen und Schinken und Grütze, aber teils wirst Du selbst so intelligent sein, Dir das vorzustellen, und teils bin ich noch immer nicht in dem Zustand, daß ich zur Zeit irgend so etwas wie wahres Entzücken über Weihnachtsessen aufbringen könnte. Ich kann Dir nur hoch und heilig versichern, daß wir aßen! Und zur Grütze die unsinnigsten Reime erfanden. Was sagst Du beispielsweise zu diesem hier, den Svante erdachte und persönlich für eine außergewöhnliche literarische Schöpfung hielt:

Das Schönste an der Weihnachtszeit
ist diese Grütze, die bereitet ward in aller Heimlichkeit
von einer selten schönen Maid.

Die selten schöne Maid, das war natürlich Alida, und sie
machte den Eindruck, als ob sie nicht genau wüßte, wie sie
das Huldigungsgedicht auffassen sollte. Schließlich ent-
schloß sie sich, geschmeichelt zu sein, und die Mahlzeit
wurde in der besten Stimmung beendet.

Allmählich wurde es Abend. Jerker wunderte sich sehr
darüber. Er hatte die Hoffnung schon aufgegeben, wie er
sagte.

Wir halfen selbstverständlich erst alle beim Abwaschen,
bevor wir in das Wohnzimmer gingen.

Die Lichter am Tannenbaum wurden angesteckt und alle
Kerzen auf dem Kaminsims und auf dem runden Tisch.
Mama setzte sich ans Klavier, und wir stellten uns im Kreis
um sie auf. Und sangen – oh, wie wir sangen! Und wie
schön es war, all die alten, lieben Weihnachtslieder wieder
zu singen! Dann war es einen Augenblick ganz still, und
Papa schlug die Bibel auf. Ich glaube nicht, daß ich den
Heiligabend erleben möchte, an dem Papa nicht das
Weihnachtsevangelium vorliest. Wenn ich auf die Weih-
nachtsabende meiner Kindheit zurückblicke (nun bin ich
doch wohl kein Kind mehr?), dann ist es vor allem dies, an
das ich mich erinnere. Keine noch so gewaltigen und
wunderbaren Weihnachtsgeschenke rauben mir die Erinnerung an die Worte:

»Es begab sich aber zu der Zeit, daß ein Gebot ausging
von dem Kaiser Augustus, daß alle Welt geschätzet
würde . . .«

Jedesmal überrieselt mich ein Schauer der Wonne,
wenn ich diese Einleitung höre. Ich weiß keine Poesie, die
schöner und vollkommener ist als die des Weihnachtsevan-
geliums.

»Es waren aber Hirten in derselbigen Gegend auf dem

Felde bei den Hürden, die hüteten des Nachts ihre Herden . . .«

Fühlst Du Dich nicht um zwei Jahrtausende in der Zeit zurückversetzt, wenn Du diese schlichten Worte hörst, und findest Du nicht, daß der ganze Zauber des Orients in ihnen liegt?

Dann sangen Majken und ich zweistimmig ›Strahle über See und Ufer‹ und ›Funkle, funkle, Sternlein hell‹. Wie gewöhnlich weinte Alida, daß es sprühte. Das tut sie immer.

»Es könnte nicht schöner gewesen sein, wenn zwei Engel gesungen hätten«, schluchzte sie.

Es ist *etwas* Übertreibung in ihrem Urteil. Glaubst Du nicht?

Alidas Tränen waren kaum getrocknet, da bumste es an die Tür, und Monikas Höschen tropften vor Aufregung. Durch die Tür schritt Svante, als Weihnachtsmann vermummt.

»Sind hier einige artige Kinder?« fragte er traditionsgemäß.

»Ja, ich«, sagte Monika mit bebendem Stimmchen. »Aber Jerker ist manchmal furchtbar frech«, fügte sie hinzu, die kleine Meerkatze.

»Kunststück, bei einem solchen Schwesterchen«, sagte der Weihnachtsmann – und damit hatte sie es zurückbekommen.

Aber wir bekamen alle Weihnachtsgeschenke, gleichviel, ob wir artig gewesen waren oder nicht. Ich bekam: graue Skihosen (Modell Slalom), rote Wollweste (von Majken gestrickt), vier Bücher, nämlich ›Die Schweden und ihre Könige‹, ›Gösta Berling‹, ›Daddy Langbein‹ und einen Sammelband schwedischer Novellen, außerdem ein Portemonnaie aus weichem braunem Leder, gestrickte Handschuhe, eine Wäschegarnitur aus hellblauem Batist, Briefpapier – ja, dann war da wohl nichts weiter. Doch, ja, ich bekam noch ein Marzipanschweinchen von Monika und auch noch von Jerker eine reizende kleine Flasche Parfüm. Der Inhalt der Flasche könnte sicher die ganze Stadt betäuben, so entsetzlich riecht es, und ich sagte zu Jerker, ich gedächte nur dann etwas davon zu benutzen, wenn ich einmal richtig fein sein wollte. Aber er verlangte prompt, daß ich mich sofort damit besprenge, und da nun einmal Weihnachten war, hatte ich nicht das Herz, es abzulehnen.

»Das ist gut«, sagte Svante. »Wenn du jetzt während der Weihnachtstage abhanden kommst, brauchen wir nur dem Geruch nachzugehen, um dich wiederzufinden.«

Später tanzten wir um den Weihnachtsbaum, damit Monika gerade so glücklich sein sollte, wie man in ihrem Alter am Heiligen Abend sein muß, und machten einige matte Versuche, ein paar Nüsse und Mandeln und Rosinen in uns hineinzustopfen, aber es gelang uns nicht.

Mama hatte gesagt, Monika dürfte so lange aufbleiben, wie sie nur wollte. Als es halb neun war, saß Monika in einer Ecke und spielte mit ihrer neuen Puppe. Sie sah dabei aus wie ein kleiner müder Engel. Und wir hörten sie ganz leise vor sich hinsprechen:

»Ich würde gern aufstehen und mich ins Bett legen, aber ich darf es nicht wollen.«

Da durfte sie. Übrigens gingen wir alle zeitig ins Bett, weil wir am nächsten Morgen zur Christmesse wollten.

Ich glaube nicht, daß es besonders stimmungsvoll ist, in Stockholm zur Christmesse zu gehen. Ist es nicht so? Auf keinen Fall kann es so sein wie bei uns, davon bin ich überzeugt. Am besten sollte man natürlich richtig auf dem Lande zur Christmesse gehen oder noch besser mit dem Schlitten im Fackelschein zur Kirche fahren. Aber hier bei uns durch den frischgefallenen Schnee in den schmalen Straßen stapfen, überall in den Fenstern Licht sehen und dann versuchen, in der vollbesetzten Kirche einen Platz zu bekommen, und das Brausen des ›Ehre sei Gott in der Höhe‹ unter dem Gewölbe hören – auch das ist Christmesse.

Zu Mittag hatten wir Gäste, viele Gäste. Mama ist phänomenal, wenn es gilt, Menschen zu finden, die es nötig haben, daß man sich in der einen oder anderen Weise um sie kümmert. Gibt es irgendwo im Umkreis von einer Meile einen unglücklichen oder kranken oder einsamen Menschen, sicher findet Mama diesen Flügellahmen, und am Weihnachtstag haben wir immer ein volles Haus. Vor allem kommen immer Tante Grün, Tante Braun und Tante Lila. Sie heißen natürlich nicht so, aber als ich klein war, habe ich es felsenfest geglaubt. Es sind aber auf jeden Fall drei richtig niedliche alte Fräulein, wenn ihre Unterhaltungen sich auch nicht auf andere Gebiete erstrecken als auf Krankheit und Familienneuigkeiten. Sie kennen die Symptome jeder Krankheit, die es überhaupt gibt. Haben sie erst eine Weile geredet, so bin ich völlig sicher, fünf oder sechs Krankheiten, darunter mindestens zwei mit tödlichem Ausgang, in mir herumzutragen. Ich sitze dann da und mache mir richtig Sorgen, daß ich ausgerechnet in so jungen Jahren schon von dieser Erde scheiden muß.

Sollte man wirklich einmal krank sein, wenn sie zu Besuch kommen, dann legen sie ihre runzligen Gesichter in besorgte Falten und wackeln bekümmert mit den Köpfen. Nur keinen leichtsinnigen Optimismus jetzt! Ich erinnere mich noch besonders daran, wie Jerker Bauchweh hatte und im Bett lag.

»Ich habe ja schon immer gesagt, daß dieser Junge zu gut für die Welt ist«, sagte Tante Lila weinend, kaum daß sie zur Tür hereingekommen war und ihn gesehen hatte.

Und Mama, der es so leicht gelingt, sich aufzuregen, wäre beinahe in Ohnmacht gefallen. Aber da sagte Majken barsch:

»Rede doch nicht solchen Unsinn! Der Bengel bekommt einen Eßlöffel Rizinusöl, dann ist er morgen ohne Fieber.«

Heute vormittag war ich draußen und bin mit Bertil Ski gelaufen. Er hat ganz neue, wirklich feine Skier, die er zu Weihnachten bekommen hat, und die wollte er wohl vorführen, glaube ich. Wir liefen nach Skärshult. Gibt es etwas Schöneres, als durch den Wald Ski zu laufen? Und dann mit Bertil!

Als wir uns trennten, steckte er mir so ganz nebenbei ein Weihnachtsgeschenk zu. Es war die Gedichtsammlung

›Stimme des Nordens‹. Du kennst das Buch vielleicht. Das hatte ich mir gewünscht. Du kannst Dir also denken, wie glücklich ich war. Aber auch in Verlegenheit, denn ich, ich Nuß, ich hatte ja nicht an ein Weihnachtsgeschenk für ihn gedacht.

Als ich meine Skier abschnallte, fühlte ich mich so herrlich durchgepustet, so geschmeidig und voller Kraft – und glaub mir, da standen doch Schinken und Sülze und Wurst und das ganze Elend auf dem Tisch, als ich hereinkam! Ich ging also bald wieder in das Riesenschlangenstadium über. Aber morgen werde ich es sein, die von Tee und gerösteten Brotschnitten leben wird. Glaube ich!

Stell Dir vor: Gestern bekam ich einen Brief von Mariann, in dem sie mich bat, sie doch zu besuchen. Beigelegt war ein Extrabrief von ihrer Mama an meine Mama mit der Nachfrage, »ob Ihre Tochter Britt-Mari uns nicht die Freude machen würde, für eine Woche der Gast unserer Tochter Mariann zu sein.«

Liebes Herz, gewiß macht Britt-Mari den Leuten die Freude. Ich fühle mich direkt umworben. Wir fangen schon an, ernsthaft Freunde zu werden, Mariann und ich. Annastina fährt heute abend zu ihrer Großmutter nach Dalarne, und Bertil ist nebst Familie auch für einige Zeit abwesend, und ich weiß eigentlich keinen Grund, warum ich nicht auch meine Schwingen zu einem Flug heben sollte.

»Reise nur«, sagte Svante liebenswürdig. »Wir werden versuchen, auch so klarzukommen. Obschon es natürlich schmerzlich ist, dich nicht zum Kochen hier zu haben.«

Er hat die Maizenacreme noch nicht vergessen.

Es ist also wahrscheinlich, daß ich Dir das nächste Mal von einem Herrenhof, aus Snättringe, schreibe.

Aber nun sollst Du mir erst schreiben, wie es Dir zu Weihnachten ergangen ist.

Bis dahin lebwohl!

Britt-Mari

Liebe Kajsa,

ein frohes neues Jahr! Wenn nicht besser, dann wenigstens
ebenso gut wie das alte! Ja?

Ich möchte doch wissen, wie das ist, der letzte Tag des
Jahres zu sein. Vermutlich glaubt der 31. Dezember, daß er
eine wichtige Stellung im Kalender hat. Und das hat er ja
auch. Aber eigentlich ist das ziemlich ungerecht! Der 13.
Oktober zum Beispiel darf jahraus, jahrein nie mehr sein als
ein ganz gewöhnlicher Arbeitstag, außer wenn er sich
einmal dazu aufschwingt, ein Sonntag zu sein. Während
dagegen andere Tage eigensinnigerweise immer Sankt-Johannis-Tag und Heiligabend und 1. Mai und Silvester sind,
jedenfalls immer Tage, auf die alle Menschen warten und
über die sie sich freuen. Oder denk nur an den lustigen
Kauz, der 1. April heißt. Ich glaube fest und sicher, daß der
9. Februar einen Minderwertigkeitskomplex hat und dazu
wahnsinnig eifersüchtig auf den 30. April ist, der immer
Walpurgisnacht sein darf. Was meinst Du? Findest Du
übrigens nicht, daß es mit Menschen ebenso ist? Ein Teil
von ihnen wird niemals etwas anderes als ein 13. Oktober,
sie mögen, die Ärmsten, anstellen, was sie wollen. Meine
Mama ist vollkommen ein Sankt-Johannis-Tag, davon bin
ich überzeugt, und Majken der ruhige, inhaltsreiche
Weihnachtstag. Gerade denke ich: Was kann ich wohl sein?
Möglicherweise irgendein kleines, biederes Datum so gegen
Ende März mit einer leichten Neigung auf den 1. April hin!

Meinst Du, mein Gehirn hat sich heißgelaufen – warum
in aller Welt schreibe ich bloß dies alles? Ich kann mir nur
denken, daß der reizende kleine Kalender, den ich heute bei
einem Buchhändler in Snättringe gekauft habe, mich dazu
angeregt hat. Er liegt nämlich aufgeschlagen vor mir, und
Kalender machen mich immer philosophisch. Findest Du es
nicht seltsam, daß man zwar seinen Geburtstag kennt, aber
nicht seinen Todestag? Jedes Jahr muß man doch einmal an
dem Datum vorbei, das eines Tages, mit einem kleinen

Kreuz davor, auf dem eigenen Grabstein stehen wird. Mir scheint, daß man gerade an diesem Tage etwas Besonderes empfinden müßte, eine Art Ruhe im Gemüt, das Gefühl von etwas Wehmütigem und Unwiderruflichem. Und wenn man eines Tages heiraten wird, dann muß es doch auch schon ein Datum geben, das einmal zum Hochzeitstag wird. Es ist ja schrecklich, sich vorzustellen, daß man vielleicht gerade an diesem Datum dasitzt und eine Rechenarbeit schreibt oder so etwas Prosaisches.

Nein, es ist besser, ich höre auf, bevor eine Panik Dich packt. Aber das will ich Dir sagen: Ich habe viel Mitleid mit dem 13. Oktober. Wenn er sich also ordentlich hält und die Gelegenheit wahrnimmt, dann darf er mein Hochzeitstag werden.

Na, was glaubst Du, wie ich es hier in Snättringe habe? Du denkst sicher, ich schlafe in einer Kommodenschublade und esse jeden Tag Hering und Pellkartoffeln? Nix, nix! Wie kannst Du nur auf einen so abseitigen Gedanken kommen! Die Wahrheit ist, daß ich genau wie ein Filmstar in Hollywood lebe. Nur esse ich viel, viel mehr. Ich habe ein entzückendes Gästezimmer, ganz für mich allein. Hier in diesem Haus werden keine Klappbetten hin- und hergeschleppt, wenn Gäste kommen, o nein! Ich liege in einem unter weißem Tüll fast verborgenen Bett und habe eine rosa Seidendecke auf dem Bauch. Jeden Morgen um neun Uhr tritt ein nettes kleines Ding, das zweites Hausmädchen genannt wird, in mein Zimmer, wenn ich noch im Bett liege, und serviert mir ein herrliches Teegedeck. Sollte mir irgend etwas an der Bedienung mißfallen, ziehe ich nur an der Klingelschnur neben dem Bett und beschimpfe das arme Hausmädchen Nummer eins. (Ich habe es nicht getan, aber ich glaube, dafür hat man die Klingelschnur.) Zum Frühstück bekommt man kalte Platten und ein warmes Gericht, und das Mittagessen besteht aus drei Gängen. Obwohl gestern nur ein gewöhnlicher Wochentag war, gab es Kalbsfilet mit Spargel!

Wenn zu Hause Alida mit dem Essen hereindampft,

geschieht das mit einem freundlichen Lächeln, und oft verwickelt sie uns in angenehme Gespräche. Das Hausmädchen, das hier serviert, sieht aus, als gehöre sie nicht zu dieser Welt. Sie geht deutlich in einer Art Trance einher und ist so ernst wie der Tod. Der Verdacht, daß sich in ihr irgendwelche menschliche Gefühle regen, wäre eine grobe Verleumdung.

Hier wird der Tisch auch nicht aufgehoben. Während des ersten Mittagessens, an dem ich teilnahm, hatte ich den Gedanken, ein wenig Tischaufheben vorzuschlagen. Schon um die allgemeine Stimmung aufzufrischen! Allein der Gedanke daran machte mich munter, und ich mußte an Mathematik denken, um ernst zu bleiben.

Kein Wunder, daß Mariann nicht einmal ihre Schuhe putzen kann, wenn sie immer derart bedient wird! Als ich in Snättringe mit meinem abgeschabten Koffer aus dem Zug kletterte, stand Mariann natürlich auf dem Bahnsteig, um mich in Empfang zu nehmen. Außerdem sprang ein Chauffeur in dunkelblauer Livree nach vorn, der mich schneller, als ich beschreiben kann, von meinem Koffer befreite und uns unter ununterbrochenen Verbeugungen in das Auto half. Und als wir dann durch die Lindenallee vor das stattliche, prachtvolle Herrenhaus rollten, saß ich da und begann zu überlegen, ob ich nicht, alles zusammengenommen, eine Prinzessin sei, die unterwegs war und inkognito reiste. Erst ein Blick auf meinen Koffer führte mich in die Wirklichkeit zurück. Einen *so* schäbigen Koffer hat keine Prinzessin, selbst wenn sie inkognito reist.

Es waren ebenso viele Verbeugungen nötig, um uns wieder aus dem Auto zu holen, und dann trug der ehrenhafte Mann den Koffer in mein Zimmer, wo sofort das oben erwähnte Hausmädchen erschien und fragte:

»Kann ich Fräulein Hagström beim Auspacken der Sachen behilflich sein?«

»Was für Sachen?« fragte ich mit dummem Gesicht. »Lieber Gott, mit den paar Kleinigkeiten kann ich selbst fertig werden.«

Sicher fand sie, daß ich kein besonders vornehmer Gast sei, aber darum kümmerte ich mich nicht. Einen Pullover, einen Rock, ein Kleid und noch so ein bißchen kann ich sicher selbst aufhängen, ohne gleich zusammenzubrechen, und keiner wird mich dazu bringen, anders darüber zu denken.

Ich will sicherlich nicht abstreiten, daß es zeitweilig angenehm ist, ein derartiges Luxusdasein zu führen. Den ganzen Tag nicht ein Gran Nützliches zu tun, sondern sich nur von Sklaven und Sklavinnen bedienen zu lassen!

Wäre ich allerdings hier im Hause Sklave, ich glaube, eines Morgens würde mein Kelch überlaufen, und ich würde mit der hocherhobenen Fahne des Aufruhrs zu den Herrschaften stürmen und dort ein wenig die Internationale singen.

Das ist nun nicht so zu verstehen, daß Frau Uddén in irgendeiner Weise ihre dienstbaren Geister quält. O nein, sie ist unveränderlich höflich und freundlich gegen sie – es würde wohl auch nicht anders gehen, so schwer wie Hauspersonal im Augenblick zu bekommen ist. Es ist nur das: Sie glaubt sicher nicht, daß sie Menschen sind wie sie mit denselben Empfindungen von Kummer und Freude. Wer weiß denn, ob das Mädchen, das uns mit gefrorener Miene bei Tisch bedient, nicht umherläuft und eine verlorene Liebe betrauert oder sich um ihre kranke alte Mutter sorgt oder um was weiß ich alles. Vielleicht braucht sie ein Übermaß an Verstehen und menschlicher Wärme, und dann hört sie so etwas:

»Lisa, servieren Sie bitte den Mokka im Salon!« Oder: »Hängen Sie doch bitte den Smoking des Herrn Direktor auf den Balkon, und bürsten Sie ihn aus.«

Die ganze Zeit habe ich im Ohr, was Papa immer zu sagen pflegt:

»Sei menschlich gegen deine Mitmenschen, sie mögen Grafen sein oder Bierkutscher, dann werden Rosen wachsen, wo du auch gehst.«

Wenn Du nicht findest, daß es gemein ist, seine

Gastgeber so zu kritisieren, dann möchte ich sagen: Rosen scheinen hier im Hause etwas dünn gesät. Alles ist hier so glatt, so bequem und wohlgeordnet in jeder Beziehung, und trotzdem ertappe ich mich dabei nachzudenken: Was fehlt hier eigentlich? Es ist ganz einfach etwas in der Atmosphäre, das verschieden ist von dem, was ich von zu Hause gewohnt bin.

Wenn wir so um den Mittagstisch sitzen: Tante Ellen (ich nenne Marianns Mutter jetzt so), elegant gekleidet und hübsch, aber unpersönlich, Onkel Erik, etwas zerstreut und gehetzt, Mariann, eine Spur nervös überdreht, und ich selbst, die mit Todesverachtung über dies und das redet, um sich weltgewandt zu zeigen, dann denke ich die ganze Zeit: Gott sei Dank, daß es bei uns zu Hause anders ist! Wenn wir auch die Schuhe selbst putzen müssen und nicht ständig Kalbsfilet essen.

Gestern abend, als ich schlafen wollte, kam Mariann zu mir und setzte sich auf die Bettkante. Ich muß sagen, sie war eine wirklich zierliche Bettdekoration in ihrem rosa Nachtgewand und mit ihren großen braunen Augen. Zuerst sprachen wir dies und das, aber allmählich fingen wir an, ehrlich miteinander zu reden. Es ist nicht wahr, daß Mädchen immer nur über Kleider und »sagt er« sprechen. Plötzlich, ohne Übergang, fing Mariann an zu weinen. Sie schluchzte so hilflos, daß ich gar nicht wußte, was ich mit ihr anstellen sollte. Ich konnte nicht herausbekommen, weshalb sie weinte, aber zwischen den Schluchzern preßte sie hervor:

»Wir müssen Freundinnen werden... Du bist so sicher... Ich möchte so sein wie du...«

Wieso jemand so sein möchte, wie ich bin, ist mir ein Rätsel, und das sagte ich ihr. Im übrigen saß ich völlig ratlos da und streichelte ihr hilflos wie eine alte Tante die Schulter. Und ich dachte daran, daß es sicher das ist, was man mit »armes kleines reiches Mädchen« meint.

Wie es auch sein mag – ich will ihr gern eine Freundin

sein. Wenn ich etwas Herabsetzendes über sie gesagt habe, dann, versprich es, mußt Du es vergessen. Am besten vergißt Du alles, was ich von der Familie Uddén geschrieben habe. Ich finde selbst nicht, daß es besonders fein ist, Menschen zu kritisieren, bei denen man zu Gast ist. Aber Du bist auch die einzige, die es zu hören bekommt.

Mariann und ich laufen tagsüber viel Schlittschuh und Ski. Bisher war es einigermaßen kalt, aber heute abend, glaube ich, wird es tauen, denn es singt so »tauerig« in den Telefondrähten draußen vor meinem Fenster. Es ist ein Laut, der mich immer melancholisch macht. Auf irgendeine Weise hört er sich so öde und verlassen an – und ich glaube schon, ich sehne mich nach Hause, nach Mama.

Aber ich bin hier, wo Souper mit anschließendem Tanz und langer Silvesternacht sein soll! Mariann und ich dürfen dabei sein, obwohl wir erst fünfzehn Jahre alt sind. Ich werde mein dunkelblaues Plissiertes anhaben und Mariann einen Traum aus mattgelber Seide.

Jetzt will ich mit diesem Brief zur Post rennen und dann zurück, um mich umzuziehen. Ich hoffe, Du denkst an mich, wenn die Uhr zwölf schlägt. Ich will an Dich denken und Dir dann einen Gruß über Wälder, Seen, Berge und Täler senden.

Britt-Mari

29. Januar

Liebe alte Kajsa,

lebst Du noch? Es ist gewiß lange her, seit ich das letztemal schrieb. Aber siehst Du, ich mußte mir erst eine beschwerliche Entzündung aus dem Hals schaffen, mit der zusammen ich von Mariann nach Hause kam, wodurch ich allerdings bis gestern der Schule ausweichen konnte. Ich hätte natürlich versuchen können, Dir trotzdem zu schreiben, aber ich bin tatsächlich so schlapp gewesen, daß es mir gerade noch gelang, die Augendeckel zu heben.

Das Beste am Reisen ist das Heimkommen! Wäre ich nach fünfundzwanzig Jahren Aufenthalt in Amerika zurückgekommen, ich hätte nicht wärmer empfangen werden können, und das tat meinem liebedürstenden Herzen gut. Papa streichelte mich, Mama drückte mich, und Majken sagte: »Gott sei Dank, du bist wieder da!« Jerker und Monika wetteiferten darum, neben mir sitzen zu dürfen, und sogar Svante sah bei unserer ersten Begegnung ganz aufgekratzt aus. Obwohl er natürlich nur ironisch sagte:

»Sieh an, da haben wir ja unsere Heldin! Und keine Blasmusik, um sie zu empfangen. Zu dumm.«

Damit Du verstehst, worauf er anspielte, muß ich Dir berichten, was sich kurz vor meiner Abreise aus Snättringe ereignet hat. Zisch mich an, wenn Du denkst, ich prahle!

Zum ersten und vermutlich auch letzten Mal in meinem Leben hatte ich nämlich Gelegenheit, als Lebensretterin aufzutreten. In der Phantasie habe ich das unzähligemal getan. Ich habe mich in brennende Häuser gestürzt und unter Einsatz meines eigenen Lebens alte, steinreiche Damen gerettet, die mir dann testamentarisch ihr gesamtes Vermögen vermachten. Ich habe mich von hohen Felsvorsprüngen ins Meer gestürzt und kleine Kinder vor dem Ertrinken gerettet, während die Volksmenge am Strande vor Spannung den Atem anhielt und schweigend zur Seite trat, wenn ich stolz, einsam und und klatschnaß von dannen ging, ohne auch nur ein Danke zu erwarten. Ich opferte mein ganzes Leben für die Leprakolonie auf einer Insel im Stillen Ozean, und gleich einer Florence Nightingale bin ich mitten im schärfsten Kugelregen über das Schlachtfeld gewandert, nur um einem sterbenden Soldaten einen Trunk Wasser zu reichen. Ja, faktisch ist es nicht möglich, alle Lebensrettungen zusammenzuzählen, die ich ausgeführt habe – in meiner Phantasie. Aber jetzt tat ich es der Abwechslung halber einmal wirklich. So im Vorbeigehen.

Mariann und ich liefen nämlich auf dem kleinen See, der ganz in der Nähe des Hauses liegt, Schlittschuh. Es hatte einige Tage lang getaut, und jemand hatte einen Block aus dem Eis herausgesägt. Danach fror es wieder eine Nacht lang, aber Du kannst Dir ja denken, daß das Eis über dem Loch nicht besonders stark war. Man hatte die Stelle daher auch mit Wacholderbüschen gekennzeichnet und abgesteckt. Aber Mariann mußte trotzdem dorthinlaufen – unbedingt! Sie rutschte auch haargenau hinein und schrie wie ein Ferkelchen, das abgestochen werden soll. So viel hat man ja über Lebensrettung gelesen, daß man wußte, was zu tun war. Ich lief ans Ufer und fand auch einen Ast, rannte zu dem Loch, legte mich auf den Bauch und schob den Ast vor mich her auf Mariann zu. Das Ganze ging sehr schnell und war überhaupt nichts Besonderes. Gewiß brach das Eis auch unter mir, so daß ich ins Wasser fiel, aber es glückte mir, zur Kante des Eisloches zu krabbeln und mich emporzuziehen, und dann dauerte es nicht lange, bis ich auch Mariann herausbekam.

Und nun begann erst das richtige Theater. Von allen Seiten kamen Menschen angelaufen. Tante Ellen war vollkommen weiß im Gesicht und küßte und umarmte erst Mariann und dann mich und sagte, ich hätte das Leben ihres einzigen Kindes gerettet. Es wurde überhaupt ein entsetzlicher Aufruhr, und man machte so viel Wesens von mir, daß ich richtig verlegen wurde.

Wenn man selbst weiß, wie unbedeutend die Tat ist, die man ausgeführt hat, ist es nicht besonders lustig, der Mittelpunkt großer Aufmerksamkeit zu sein, das kann ich Dir nur sagen. Tante Ellen meldete sofort ein Ferngespräch an und verkündete denen zu Hause meine Großtat, und als abends der »Snättringer Anzeiger« erschien, stand auf der ersten Seite in Großbuchstaben:

KALTBLÜTIGE JUNGE DAME
RETTET FREUNDIN AUS EISLOCH

Wir wurden ins Bett gesteckt und bekamen heiße Milch zu trinken und durften erst zum Abendessen wieder aufstehen. Onkel Erik hielt eine Rede auf mich, und am nächsten Tag fuhr ich nach Hause. Und bekam trotz der heißen Milch Halsentzündung. Tante Ellen hat mir ununterbrochen große Schachteln Pralinen und Bücher und Blumen geschickt, um meine Qualen zu versüßen, und Mariann hat mir die rührendsten Briefe geschrieben. Viele Menschen haben mich besucht, und alle bestaunten mich und hoben mich hoch in die Wolken, weil ich das Mädchen aus dem Wasser gezogen hatte.

Schließlich begann ich selbst zu glauben, daß ich etwas Besonderes vollbracht hatte. Ich wollte ganz einfach Mittelpunkt sein und begann, wie eine Katze zu schnurren, sobald von Lebensrettung und Carnegiemedaillen gesprochen wurde.

Aber eines Abends, als ich mich gerade wieder etwas auf den Beinen halten konnte, wankte ich zu Papa ins Zimmer, um mit ihm ein wenig zu plaudern. Er saß da und las in Epiktets ›Handbüchlein vom weisen Leben‹.

»Hier, hör einmal, Britt-Mari«, sagte er, und dann las er mir vor:

»Wenn es einmal geschehen sollte, daß du dich nach Äußerlichkeiten richtest und jemand gefallen willst, so wisse: du hast deinen Widerstand verloren.

Darum laß dir's genügen, immer ein Philosoph zu *sein*. Wenn du aber auch als Philosoph erscheinen willst, so scheine es dir selbst.

Das ist genug.« –

»Man könnte es aber beinahe auch so sagen«, fuhr Papa nach einer Pause fort: »Laß dir's genügen, ein hervorragender Lebensretter zu *sein*. Wenn du aber außerdem als solcher erscheinen willst, so scheine es dir selbst. Das ist genug.«

Ich kam mir gräßlich durcheinandergeschüttelt vor, und hätte mir nicht Papa freundlich, aber fest den Arm um die

Schulter gelegt, ich wäre bestimmt davongelaufen, um mich irgendwo in Ruhe schämen zu können.

Und dann begann Papa, mir von Epiktet, dem Philosophen, zu erzählen, der bei einem der Günstlinge Kaiser Neros Sklave war. Sein Besitzer vergnügte sich eines Tages damit, ihn zu quälen, indem er Epiktet, der damals noch ein Kind war, Keile in das Bein treiben ließ. Da sagte Epiktet ruhig und leise: »Das Bein wird zerbrechen.« Einen Augenblick später brach das Bein, und Epiktet sagte ebenso ruhig und leise wie vorher: »Habe ich es nicht gesagt?«

Ich beschloß sofort, genau so stoisch zu werden. Wollen sehen, wie es gehen wird! Wenn aber jemand versuchen sollte, im meine Beine Keile zu treiben – ich glaube doch, daß ich dann schreien werde.

Es ist auf jeden Fall eigenartig mit Papa. Er ist so zerstreut und vergißt so vieles; dreht es sich aber um seine Kinder und seine Schüler, dann hat er die Augen immer offen. Er beobachtet uns, wenn wir es am wenigsten ahnen, und sieht er etwas, was ihm nicht gefällt, so findet er stets eine nette Art, es uns wissen zu lassen.

Jetzt bin ich also nicht länger ein hervorragender Lebensretter. Aber über die Ansichtspostkarte, die ich während meiner schlimmsten Fieberschauer von Bertil bekam, freue ich mich doch. Denn da stand: »Du bist ein guter Kamerad.«

Ich hoffe, daß Epiktet nichts dagegen einzuwenden hat.

Deine Freundin Britt-Mari

10. Februar

Liebe Kajsa!

Ich höre, Du lebst in Saus und Braus und läufst an mehreren Abenden in der Woche ins Theater. Eigentlich müßte ich Dir wohl eine kleine Moralpredigt halten, Dir die Notwendigkeit vor Augen führen, Deine Schulaufgaben ordentlich zu machen, ängstlich auf Deine Gesundheit zu achten und all solche Dinge, aber ich nehme an, Du kannst auf die eine oder andere alte Tante zurückgreifen, wenn Du das Gefühl hast, Worte der Weisheit zu benötigen. Ich unterlasse es also. Übrigens bin ich nicht gerade die Richtige, andere zu ermahnen, denn diese Woche habe ich mich wahrhaftig selbst in den Strudel des Vergnügens gestürzt. In meinem Taschenkalender stehen: ein Kinobesuch mit Bertil, zweimal Kaffeeschmaus bei Klassenkameradinnen und vor allem der Geburtstag von Mama – angekreuzt!

Daß das Haus noch steht, ist ein Wunder. Du mußt wissen, Mamas Geburtstag wird von uns ausgiebiger gefeiert als irgendein anderer Tag des Jahres, und wir sind bestimmt nicht von der Sorte Menschen, die eine Gelegenheit zum Feiern verpassen.

Papa hatte mit uns eine Huldigungshymne einstudiert, die am frühesten Morgen – unter Ziehharmonikabegleitung! – gleichzeitig mit dem leckeren Geburtstagsfrühstück der Mama ins Bett gereicht wurde. Papa sah übrigens in seinem langen, weißen Nachthemd zu niedlich aus, vor allem, weil er, um die Feierlichkeit ein wenig zu erhöhen, auch seinen Zylinderhut aufgesetzt hatte.

Von langatmigen Huldigungen mußten wir übrigens absehen, da der größte Teil der Familie in die Schule mußte. Am Abend wurde desto gründlicher gefeiert. Das Programm für Mamas Geburtstag ist jedes Jahr anders. Diesmal hatten wir Kostümball. Ball klingt vielleicht ein wenig hochtrabend, aber wir tanzten, und kostümiert waren wir auch, und es war ein großes Fest.

Mama hatte bereits lange vorher die Parole ausgegeben, wir sollten entweder historische Gestalten oder Personen aus Büchern darstellen. Trotz endlosen Gegrübels und stundenlanger Verhandlungen mit Majken konnte ich mir nicht darüber klar werden, ob ich mich besser für die Hexe Pomperipossa oder die Kaiserin Cleopatra eignete. Ich wollte gern Cleopatra sein, aber Svante sagte, daß es dann unbedingt nötig sei, ein paar ordentliche Schlangen am Halse hängen zu haben. Am besten wären natürlich richtige Giftschlangen, aber notfalls würden auch Blindschleichen ausreichen. Svante wußte selbst nicht recht, was er vorstellen wollte, und ich schlug ihm vor, als Pu der Bär zu gehen.

»Als Bär mit sehr kleinem Gehirn – dafür bist du doch wie geschaffen ...«

Ich mußte mich schnell bücken, denn ›Hjörts Deutsche Grammatik‹ kam durch die Luft geflogen.

Wir widmeten jede freie Stunde in der Woche vor dem Geburtstag unseren Kostümen. Es war nämlich Bedingung, daß jeder selbst und ohne Hilfe sein Kostüm fertigstellte, alle außer Monika natürlich. Auf dem Boden haben wir eine Kiste, die bis an den Rand mit alten Kleidern vollgestopft ist, und immer stand einer da und wühlte, immer, wenn man selbst an die Fetzen wollte.

Je weiter die Zeit vorschritt, um so geheimnisvoller taten wir, und als wir uns nach dem Geburtstagsessen in unsere Zimmer zurückzogen, zitterte die Luft im Hause vor Spannung und Erwartung. Es war verabredet, daß Alida den Gong schlagen sollte, wenn es so weit wäre. Dann mußten alle fertig sein und in vollem Glanz und in aller Herrlichkeit zum Vorschein kommen.

Ich war ziemlich nervös und konnte kaum in meine Samthosen steigen. Nach reiflicher Überlegung hatte ich mich entschlossen, der ›Kleine Lord Fauntleroy‹ zu sein, und war aus diesem Grund den ganzen Nachmittag mit Lockenwicklern im Haar umhergelaufen. Die Samthosen hatte ich mir aus einem alten schwarzen Samtkleid selbst geschneidert, und Alida hatte nur bei der Anprobe geholfen. Dazu trug ich eine weiße Seidenbluse mit Spitzenkragen und -manschetten. Und als ich die Lockenwickler entfernt und das Haar in feine Korkenzieherlocken gelegt hatte, war ich selbst mit dem Resultat ganz zufrieden.

Um acht Uhr hämmerte Alida auf dem Gong herum, als

wolle sie das Jüngste Gericht ankündigen. Auf der Treppe wurden schnelle Schritte hörbar, und einen Augenblick später zerschnitt ein Indianergeheul die wieder eingetretene Stille. Das war Sitting Bull, der den Kriegsruf seines Stammes erschallen ließ. Jerker hatte sich seinen Kostümierungskummer einfach abgewimmelt, indem er seinen altgewohnten Indianeranzug angezogen und sich sein Gesicht knallrot angemalt hatte. Gleichzeitig kam aus Majkens Zimmer das kleine Rotkäppchen. Das war Monika mit einem Körbchen am Arm.

Schließlich waren wir alle außer Majken im Wohnzimmer eingetroffen. Papa hatte unter Zuhilfenahme einiger Bettlaken einen Sokrates aus sich gemacht. Mama bot ihm selbstbereiteten Kirschlikör an, damit er nicht friere. Aber er mag Likör nicht und sagte abwehrend:

»Willst du mir den Giftbecher jetzt schon reichen?«

Svante hat kürzlich ›Doktor Jekyll und Mister Hyde‹ von Stevenson gelesen, und als das scheußliche Resultat dieser Lektüre in der Wohnzimmertür auftauchte, kreischte das kleine Rotkäppchen vor Entsetzen laut auf. Mit Hilfe eines schwarzen Umhangs, eines Schlapphutes, eines Stückes Heftpflaster und eines eigentümlichen Stoßzahnes, der ihm aus dem Mund ragte, hatte er sich in einen so grauenerregenden Mr. Hyde verwandelt, daß ich mich rundheraus weigerte, ihn fürderhin als meinen Bruder anzuerkennen. Er selbst fand sein Kostüm äußerst praktisch.

»Wenn wir Eis essen wollen, nehme ich nur den Stoßzahn aus dem Mund und bin dann eben eine Zeitlang Dr. Jekyll.«

Ich flehte ihn an, doch den ganzen Abend über Dr. Jekyll zu bleiben und Rücksicht zu nehmen – wenn nicht auf uns, so doch auf Rotkäppchen. Aber das lehnte er ab.

Papa sagte, es wäre eigentlich Mamas Pflicht gewesen, als Xanthippe zu erscheinen. Das hatte sie nicht getan. Sie trug ein altes Kleid aus den achtziger Jahren, das einmal Papas Mutter gehört hatte, und behauptete, sie sei die Nora aus ›Ein Puppenheim‹ von Ibsen. Aber wenn wir es lieber hätten, könne sie sich ebensogut Eleonora Duse oder Madame Curie nennen.

Majken wußte, was sie tat, als sie mit ihrem Auftritt wartete, bis wir anderen alle versammelt waren. Gerade als wir anfingen, uns zu wundern, wo sie bliebe, steckte Alida den Kopf zur Tür herein und meldete an:

»Ihre Majestät Königin Marie Antoinette von Frankreich.«

Eine Sekunde später stand Majken in der Türöffnung, und wir starrten sie voller Erstaunen und Bewunderung mit weit aufgerissenen Augen an. Sicher wußte ich, daß Majken sehr geschickt ist, aber daß sie ein so glanzvolles Kostüm des 18. Jahrhunderts aus alten Laken und etwas Spitze zustandebringen würde, hätte ich doch nicht gedacht. Das Haar hatte sie hoch gekämmt und weiß gepudert. Und ich kann einfach nicht glauben, daß die echte Marie Antoinette so süß war – denn dann hätte gewiß niemand das Herz gehabt, sie zu enthaupten. Svante allerdings zeigte sich weniger beeindruckt.

»Wann beginnen wir mit dem Köpfen?« fragte der diabolische Mr. Hyde voller Erwartung.

Ohne ihn auch nur eines Blickes zu würdigen, schritt die Königin durch das Zimmer, damit wir sie richtig bewundern konnten.

Kurz danach trafen unsere Gäste ein: ein Kollege von Papa, als ›Onkel Bräsig‹ kostümiert, Annastina im Frack ihres Vaters (sie stellte »Ein Mädchen im Frack« dar – was sollte sie sonst darstellen?) und Annastinas Eltern, die zu unseren ältesten Freunden gehören.

Annastinas Mama betonte, sie sei die Witwe Bolte aus ›Max und Moritz‹, eine Behauptung, die nur durch das Kopftuch gerechtfertigt schien, da sie für die wohlgenährte Wilhelm-Busch-Figur viel zu schlank ist. Onkel Johan, Annastinas Papa, hatte keine Zeit gehabt, sich zu verkleiden, aber er sagte, er gedenke demnächst ein Buch ›Der Durchschnittsschwede und seine Ohren‹ zu schreiben und stelle jetzt die Hauptfigur seines Buches vor.

»Seht nur, bin ich es oder nicht?« rief er und wackelte mit den Ohren, denn das ist eine Kunst, die er bis zur höchsten Vollendung beherrscht. Jerker war entsetzlich neidisch und trainierte eifrig Ohrenwackeln, bis es Zeit für ihn war, ins Bett zu gehen.

Die Bewirtung bestand aus Eis und Torte und Wein und Kaffee und Gebäck und Kirschlikör.

Dann tanzten wir, obwohl die Kavaliere knapp waren, besonders seit Sokrates, Onkel Bräsig und der Durchschnittsschwede sich hingesetzt hatten, um Skat zu spielen. Sokrates hatte sich beim Kartengeben vertan und gab eine lange Erklärung über das Warum ab, aber Onkel Bräsig unterbrach ihn und sagte:

»Für einen Sokrates ist das eine ziemlich dürftige Verteidigungsrede.«

Da fuhr Sokrates auf und nannte Onkel Bräsig einen Lästerer, weil er es wagte, Sokrates' Verteidigungsrede in diesem Zusammenhang in den Mund zu nehmen. Übrigens fror Sokrates zwischen seinen zwei Laken, und da er sowieso leicht rheumatisch ist, ging er bald und zog sich solidere Sachen an.

Svante fand es bedauerlich, daß uns die Allgemeinheit nicht zu Gesicht bekäme, und sagte zu Majken:

»Du bekommst fünfzig Öre, wenn du so mit mir die Hauptstraße entlanggehst!«

»Das Angebot ist sehr großzügig, aber ich finde, eine Lungenentzündung ist damit doch etwas unterbezahlt.«

»Du bist feige«, höhnte Svante, »du hast Angst, daß wir Menschen treffen könnten. Aber du weißt doch wohl, daß um diese Tageszeit keine Seele auf der Hauptstraße zu finden ist.«

Es war beinahe elf Uhr, und hier in der Stadt geht man früh zu Bett.

Majken wollte nicht, aber Svante war eigensinnig. Abwechselnd bat, spottete und hetzte er. Endlich griff er sogar zur Erpressung.

»Wenn du nicht mitkommst, werde ich allen Menschen deinen besten Pfifferlingsplatz zeigen!«

Svante selbst macht sich nichts aus Pfifferlingen – um so glaubwürdiger klang seine Drohung –, aber Majken drangen diese Worte wie ein tödlicher Stich tief ins Herz. Zwar dauert es noch Monate, bis es Pfifferlinge gibt, aber allein der Gedanke, daß irgend jemand etwas von der großen Pfifferlingsstelle am Heidehügel erfahren könnte, ließ Majken erzittern.

Ich weiß nicht recht, ob die Drohung das Hin und Her entschied oder ob Svantes Vorschlag, auf der Hauptstraße im Kostüm spazierenzugehen, Majken nicht doch reizte – genug: sie ging mit. Mr Hyde zog den Schlapphut ins Gesicht und hakte Marie Antoinette ein. So gingen sie in die Nacht hinaus. Nur Annastina und ich wußten von dem Vorhaben. Jerker und Monika schliefen, und die Erwachsenen in den Plan einzuweihen, hielten wir nicht für ratsam.

Was später geschah, weiß ich nur vom Hörensagen, aber die Schilderung stammt von Augenzeugen.

Mr. Hyde und Frankreichs schöne Königin gelangten gar nicht bis zur Hauptstraße. Um dorthin zu kommen, muß man unserer kleinen Straße folgen, die auf beiden Seiten von Villen mit Gärten gesäumt ist. Als das reizende Paar ungefähr hundert Meter gegangen war, wurde plötzlich die Tür einer der Villen geöffnet, und eine männliche Gestalt trat heraus, die mit schnellen Schritten auf die Straße zuging. Der wahrhaft schurkische Mr. Hyde warf sich hinter eine Hecke, und einsam stand Marie Antoinette da und spähte vergeblich nach Hilfe aus. Sie machte eine hastige Wendung, um zu fliehen, aber wenn man es nicht gewohnt ist, sich in weiten, wallenden Röcken zu bewegen, ist das gar nicht so leicht. Sie trat fehl, verstauchte sich den Fuß, und wenn sie der Fremde nicht in seinen Armen aufgefangen hätte (hört es sich nicht an wie ein Roman?), so wäre sie bestimmt hingefallen.

»Welch ein Flegel«, stöhnte Majken.

Svante lag hinter der Hecke und konnte alles hören. Er verstand sehr gut, wer mit Flegel gemeint war, aber der fremde Herr natürlich nicht.

»Meinen Sie mich?« fragte er.

»Nein, bestimmt nicht... Verzeihung... Lassen Sie mich los«, sagte Majken verwirrt. Er ließ sie los – mit dem Resultat, daß sie wieder beinahe hinfiel. Sie konnte mit dem Fuß nämlich nicht auftreten. Und nach Svantes Kommentar zu den Ereignissen warf sie sich deshalb dem Fremden an den Hals.

»Eine gemeine Lüge«, protestierte Majken.

Ich weiß nicht, wem ich glauben soll, aber wahrscheinlich liegt die Wahrheit wie immer irgendwo in der Mitte.

»Sind Sie ein Traum oder ein Gespenst?« fragte der Fremde.

»Ich bin ein armes, unglückliches Menschenkind mit einem Bruder, der verhauen werden müßte«, stöhnte Majken.

Das Ende vom Liede war: Als Marie Antoinette in ihr Vaterhaus zurückkehrte, geschah es nicht aus eigener Kraft. Der Fremdling trug sie über des Hauses Schwelle, lieferte seine süße Last ab und stellte sich uns allen sehr nett vor. Teils hieß er Almkvist, teils war er der neue Revierförster. Nichts war natürlicher, als daß er eingeladen wurde, an der Geburtstagsfeier teilzunehmen. Für den Rest des Abends lag Majken auf einem Sofa, und er saß die ganze Zeit treu an ihrer Seite.

Mr. Hyde war auch nach Hause gekommen. Der Sicherheit halber aber durch den Hintereingang. Es dauerte nicht lange, bis er sich wieder unbeschwert unter die Menge mischte, ohne sich um Majkens zornige Blicke zu kümmern.

»Sofern meine Augen richtig sehen«, sagte Svante zu mir mit einem Blick auf das Sofa, »ist jetzt Ludwig der Sechzehnte eingetroffen.«

Und ich glaube, er hat recht! Die nüchterne Majken ist seit dem Geburtstagsfest nicht mehr dieselbe. Leicht hinkend, geht sie mit so träumerischem Gesichtsausdruck einher, daß ich das Schlimmste befürchte. Am Tage nach dem Geburtstag bekam sie von ihrem Retter einen Riesenstrauß Tulpen ins Haus geschickt. Außerdem hat er jeden Tag angerufen, um sich nach ihrem Gesundheitszustand zu erkundigen, denn er möchte unbedingt, daß sie sich, sowie sie einigermaßen unbehindert gehen kann, mit ihm trifft. Und wenn Majken nicht mit vollen Segeln einem Liebesroman entgegensteuert, fress' ich einen Besen.

Es geschah noch etwas, bevor der Geburtstag zu Ende war, und, wie üblich, war es Svante, der die Sensation lieferte. Chemie ist das einzige Schulfach, das den Jungen richtig interessiert, und als wir alle im Wohnzimmer herumsaßen und schon so etwas wie Abschiedsstimmung in der Luft lag, stand Svante plötzlich in der Tür zur Diele und schrie:

»Was wäre ein Geburtstag ohne Salut?«

Eine Sekunde später kam der Salut – und das *war* ein Salut! Ich glaube, Svante hatte seine chemischen Kenntnisse über- und die Wirkung seiner selbstangefertigten kleinen Bombe unterschätzt. Als die Frauenschreie verstummt waren und die Rauchwolken sich verzogen hatten, stand Svante zwischen Brocken von heruntergefallenem Deckenputz und blinzelte verwundert auf eine Wunde an seiner rechten Hand. Mr. Hyde hatte sich in ein Etwas verwandelt, das dem Schornsteinfeger Fredriksson ähnelte. Den Stoßzahn hatte er noch, aber der schwankte nun ängstlich im Luftzug hin und her.

»Was wollen wir jetzt tun?« fragte Svante, als wir nach halbstündiger angestrengter Arbeit ein wenig Ordnung geschaffen hatten und er verbunden worden war.

Aber da sagte Majken energisch:

»Mein lieber Svante, für heute hast du vollkommen genug getan. Wir wären dir sehr dankbar, wenn du deine Tätigkeit jetzt einstellen würdest, solange noch etwas von dem Haus steht und solange noch einer von uns in der Lage ist, auf seinen Beinen zu gehen.«

Worauf Förster Almkvist Majken einen innigen Blick zuwarf und sagte:

»Ich kann nicht finden, daß seine Tätigkeit *nur* von Übel war.«

Ja, das war also der Geburtstag! Ich glaube, nun werde auch ich meine Tätigkeit für einige Tage einstellen.

Leb wohl bis dahin!

Britt-Mari

15. Februar

Meine liebe Kajsa!

Gestern hatten wir schneefrei, die Mädchenschule und das Jungengymnasium. Die Skibahn hätte besser sein können, aber wer bescheiden war, konnte zufrieden sein. Und es war herrlich, wieder einmal in den Wald zu kommen.

Ich kam mir »mächtig elegant« vor in meinen Weihnachts-Slalomhosen, die nach dem Bad im See neu gebügelt waren, und in meiner dicken roten Sportweste. Ich bemühte mich gar nicht erst, meine Jacke zuzuknöpfen, denn dann hätten die Menschen ja die Weste nicht sehen können, und sie war es doch, mit der ich sie zum Platzen bringen wollte. Meine Skijacke ist hellblau und hat eine Kapuze. Du sagst, es interessiert Dich nicht? Von mir aus – ich kann ebenso gern von etwas anderem reden!

Annastinas Eltern besitzen eine Sporthütte, die ungefähr acht Kilometer vor der Stadt liegt. Einige von uns machten sich nach dort auf den Weg. Annastina und Mariann und ich und Bertil und noch einige, die Du aber nicht kennst.

In letzter Minute kam selbstverständlich auch noch Stig Henningson und hängte sich an. Ich kann ihn nicht ausstehen, und Bertil mag ihn auch nicht. Die letztgenannte Tatsache bereitet mir eine gewisse Befriedigung. Aber Ski laufen, das kann er phantastisch, der Stig. Übrigens nicht verwunderlich, wenn er einen Vater hat, der ihn jedes Jahr ins Hochgebirge fahren läßt! Er nutzte jede Gelegenheit aus, um seine hervorragende Technik zu zeigen. Wir liefen quer durch das Gelände, und da es um die Stadt herum überall sehr hügelig ist, gab es genügend Abhänge und Gefälle für ihn, die er hinunterlaufen konnte.

Ich bemerkte, wie Bertil nervös wurde. Nicht, weil er neidisch war – das ist er gewiß nicht, und außerdem läuft er selbst einigermaßen gut. Aber bei jedem wären die Gallensteine gereizt worden, bei jedem, der Stigs überhebliches Gesicht gesehen hätte, wenn er einen besonders eleganten Telemarkschwung machte. Ich wünschte heiß und innig, daß Stig ein ganz kleines Malheurchen zustoßen möchte. Komm mir nicht damit, zu sagen, die Gedanken hätten keine Macht! Ich bin sicher, es waren meine intensiven Wünsche, in Verbindung mit einer heimtückischen Wurzel, die die Ursache seines Falles wurden. Keines geschickten Falles übrigens. Es war mindestens plumps pardauz. Ich glaube nicht, daß es einen unter uns gab, der nicht in Herz und Seele tief befriedigt war, als Stig sich mühsam erhob und mit vielen harten Worten gegen die Baumwurzel den Schnee von seinem Skianzug klopfte. Ich empfand jedenfalls eine wirkliche Zärtlichkeit für diese kleine Wurzel, die da im passenden Augenblick so geschickt ihre Nase aus dem Schnee gesteckt hatte.

Wir kamen nach diesem Vorfall in ausgezeichneter Stimmung bei der Hütte an, und die Stimmung wurde nicht schlechter, als wir im Kamin die Flammen entfacht hatten, die Buchenscheite knisterten und unsere Brote und die Thermosflaschen auf dem Tisch standen. Zuerst qualmte es zwar in einem Ausmaß, daß man sich wie ein stattlicher Bückling vorkam, aber das ging bald vorbei.

Was bekommt man doch für einen Appetit beim Skilaufen! Wir aßen wie die Raubtiere. Als ich mir zwei große Schinkenbrote, ein Kaviar- und ein Käsebrot einverleibt und eine Riesentasse Kakao getrunken hatte, richtete ich, hungrig geworden, meine lüsternen Blicke auf die Brotteller, und es gelang mir tatsächlich, in letzter Sekunde noch ein saftiges Ölsardinenbrot für mich zu retten. Ein Glück! Ich glaube, ich wäre sonst den Hungertod gestorben.

Annastinas Hütte ist richtig gemütlich, kann ich Dir versichern. Als wir gegessen hatten, saßen wir bloß noch da und fühlten uns gewaltig zu Hause. Es war auch ein Grammophon da, und wir tanzten ein Weilchen. Es ging großartig trotz unserer Skistiefel und obwohl die Schallplatten anscheinend aus der letzten Hälfte des neunzehnten Jahrhunderts stammten.

Wenn Du wüßtest, was Bertil für eine schöne Stimme hat! Als wir zusammen tanzten und er sang: »Laß uns im Walzertakt schweben und leg deinen Arm um mich...«, war ich nahe daran, ihn beim Wort zu nehmen.

Dann legten wir mehr Holz in das Feuer und setzten uns, um zu plaudern. Zuerst war es die übliche Flachserei, und mehr oder weniger geistreiche Sticheleien wurden wie Bälle hin und her geworfen. Wir redeten über Schule und Lehrer und kamen langsam auf Zukunftspläne.

»Ich möchte nicht studieren«, sagte Annastina, »ich möchte nur heiraten.«

»Das ist doch gar nicht so ›nur‹«, warf Mariann ein.

Mir scheint übrigens, so unglaublich es klingt, die Ärmste schwärmt für Stig.

So kamen wir aufs Heiraten zu sprechen.

»Sagt mal«, fragte Annastina, »welche Eigenschaften seht ihr bei eurem zukünftigen Ehegespons für absolut notwendig an?«

Alle überlegten. Bertil war zuerst fertig.

»Daß sie treu ist!«

»Daß sie gut kochen kann«, sagte Aake, der ein Vielfraß erster Ordnung ist.

»Daß er Bücher und Kinder liebt«, sagte ich.

»Daß er mich ewig liebt, amen«, wünschte sich Mariann.

»Daß er eine gesunde Seele in einem gesunden Körper hat und am liebsten noch etwas Geld auf der Bank«, verlangte Annastina.

Stig wippte auf seinem Stuhl vor und zurück. Er zeigte sein übliches etwas überlegenes Lächeln, und als alle ihre Meinung geäußert hatten, sagte er schließlich:

»Daß sie tanzen und flirten kann und kein Theater macht, wenn ich mich ein bißchen mit anderen amüsiere.«

»Pfui Teufel!« rief Bertil und wurde blaß. »Wenn du schon als Siebzehnjähriger solche Ansichten vertrittst, wie wirst du dann sein, wenn du älter bist!«

»Noch zynischer und noch pampiger selbstverständlich«, sagte ich.

Wir waren uns alle darin einig, daß Stig ein schändliches Ideal aufgebaut hatte. Besonders Mariann legte sich schwer ins Zeug. Ich glaube, sie fühlte sich auf irgendeine Weise verletzt.

»Ihr seid so verzweifelt spießbürgerlich«, sagte Stig. »Und kindisch. Das ist euer Fehler. Man muß das Leben ansehen, wie es ist. Ihr könnt mir glauben, es ist kein Kindergottesdienst.«

»Vielleicht«, sagte Bertil. »Und es wird wohl auch nie besser werden, wenn wir, die wir noch jung sind, schon so denken wie du.«

Bertil sah richtig mitgenommen aus. Ich weiß, daß das ein Thema ist, das ihm besonders am Herzen liegt.

Die Stimmung wollte sich nicht mehr recht fangen, und wir beschlossen, nach Hause zu gehen. Die Sonne stand übrigens so niedrig, daß es sicher auch Zeit dazu war.

Der bittere Nachgeschmack, den Stigs Äußerungen bei uns hinterlassen hatten, verschwand bald, als wir erst wieder auf unseren Skiern standen. Die Sonne sank und färbte den Schnee rosig, und die Bäume und Büsche warfen blaue Schatten. Wir legten ein anständiges Tempo vor.

Bertil und ich liefen die ganze Zeit nebeneinander, aber wir sagten nichts. Nur als wir uns an der Gartentür bereits verabschiedet hatten, blieb Bertil noch stehen. Und sagte plötzlich:

»Ich liebe Bücher. Und Kinder auch.«

Dann schwang er sich mit seinen Skiern herum und

verschwand in sausender Fahrt, während ich dastand und ihm wie ein Schaf nachsah, bis Svante den Kopf aus dem Fenster steckte und sagte:

»Jetzt, wo du den armen Kerl in die Flucht gejagt hast, kannst du ja hereinkommen.«

Er saß in der Küche und band seine nassen Skistiefel auf, und ich ging hinein und tat dasselbe. Jerker stand neben uns und war verbittert: die Volksschule hatte nicht schneefrei gehabt.

Zum Mittagessen hatte Majken den Förster Almkvist eingeladen. Ich glaube ja eher, daß er es selbst gewesen ist, der sich eingeladen hat. »Das Märchen einer Liebe« entwickelt sich absolut folgerichtig. Er scheint im Nu Feuer gefangen zu haben, und soweit ich es beurteilen kann, befindet er sich jetzt in dem Stadium, in welchem er glaubt, daß ein so vollkommenes Geschöpf wie Majken nur aus Versehen auf die Welt gekommen ist und eigentlich in die Sphäre der Engel gehört. Und der Blick, mit dem Majken ihn ansieht, bedeutet für die Zukunft des Hagströmschen Haushalts nichts Gutes.

Bei Tisch herrschte ausgezeichnete Stimmung, und sie wurde noch ausgezeichneter, als Monika plötzlich ihren Schnabel öffnete und zu dem Förster sagte:

»Svante sagt, daß du in Majken verliebt bist. Bist du das?«

Majken wurde hübsch rot, und Svante und der Förster machten ungefähr gleich unglückliche Gesichter. Mama rettete die Situation, in dem sie schnell ein neues Gesprächsthema aufnahm, und wir anderen taten, als hätten wir nichts gehört.

»Niemand antwortet nicht, wenn ich mal etwas frage«, murmelte Monika beleidigt vor sich hin und leckte ihren Löffel ab.

Als wir beinahe mit dem Essen fertig waren, sah Svante Monika an und brach, den Mund voller Karamelcreme, in Lachen aus. Es war nicht schwer zu erraten, woran er dachte. Er konnte sein Gekicher auf keine Weise abstellen, er kicherte so unmäßig, wie man – das weißt Du sicher – eben manchmal kichert. Es war mehr, als ich aushalten konnte. Deshalb begann ich auch zu kichern, obwohl ich mich ins Bein zwickte, um es bleiben zu lassen. Papa sah uns streng an, aber es half nicht. Und Monika, die lacht, wenn andere lachen, verzog den Mund zu einem breiten Lächeln, das all ihre kleinen Haferflockenzähnchen zeigte, und dann stimmte sie mit ein. Mitten in meinem schlimmsten Gelächter kam mir der Gedanke: Es wäre interessant, zu sehen, wie lange Mama sich ernst halten kann. Ich hatte den Gedanken kaum zu Ende gedacht, als die Frau Direktor auch schon mit hellem Lachen loslegte. Damit war die letzte Bremse gelockert. Wir lachten, daß wir alle weinten.

Schließlich tupfte sich Papa die Tränen aus den Augen und sagte:

»Ob es noch jemand gibt, der so schlecht erzogene Kinder hat wie wir?«

»Das glaube ich nicht«, sagte Mama, »denn um so schlecht erzogen zu sein, wie sie sind, mußten sie merkwürdigerweise gut erzogen werden.«

Ich möchte wissen, was der Förster dachte, als er in seinem Zimmer zur Besinnung kam. Als er gegangen war, sagte Majken:

»Ich kann mich genausogut gleich entschließen, ins Kloster zu gehen. Kein normaler Mann wird jemals in diese Familie hineinheiraten.«

Worauf Monika, unwissend und voller Unschuld wie ein kleiner Engel Gottes, auf Majkens Knie kletterte und sagte:

»Dieser Onkel, der vorhin hier war und so rot im Gesicht wurde, – hat er dich lieb? Svante sagt es doch.«

Da sprang Majken wie von der Tarantel gestochen auf, und Svante begriff, daß es Zeit war, sich in Sicherheit zu bringen. Er lief in Jerkers Kombüse und schaffte es, die Tür hinter sich zu schließen, bevor Majken ihren Fuß dazwischenstecken konnte.

»Komm heraus, du kleiner feiger Lump«, schrie Majken. »Dann reiß' ich dir die Ohren ab!«

»Ich bin doch kein Löwenbändiger«, antwortete Svante. »Ich warte ab, bis bessere Zeiten kommen.«

Da gab Majken auf.

Aber als Svante, müde von des Tages Lasten, gegen neun Uhr in das heiß ersehnte Bett gehen wollte, hatte jemand zwei Reibeisen unter sein Bettlaken gelegt. Er kam zu mir und wollte wissen, ob ich das getan hätte. Ich antwortete ihm, daß ich ihm das gern jeden Abend antun würde, um ihn nach dem Wert seiner Taten zu behandeln. Diesmal hätte ich es aber leider vergessen.

»Dann war es Majken! Aber da sie zur Zeit nicht zurechnungsfähig ist, werde ich ihr verzeihen«, sagte Svante edelmütig und verschwand.

Jetzt liegen die englische Grammatik und Carlssons Geographie vor mir und sehen mich so vorwurfsvoll an, daß ich glaube, für heute müssen wir scheiden.

Mit den herzlichsten Grüßen

Britt-Mari

3. März

Liebe Kajsa,

Du findest, Du hättest lange auf Post warten müssen? Ich finde, Du hast recht. Zu meiner Entschuldigung kann ich nur sagen: Wir haben unerhört viel in der Schule zu tun gehabt, und dann haben wir Gäste – seit einer Woche.

Vier fremde Vögelchen haben sich in unserem Nest niedergelassen, um ein Weilchen bei uns auszuruhen, vier Flüchtlinge, um die Mama sich kümmert. Sie kamen am Sonntagabend, eine Mutter mit ihren drei Kindern. Mein Kissen ist, glaube ich, noch immer naß von all den vielen Tränen, die ich über ihr Schicksal geweint habe.

Darf ein Mensch auf dieser Welt überhaupt so todtraurige Augen haben wie diese Mutter? Und die Kinder – so bleiche und frühreife Gesichtchen wie diese drei hier? Die beiden Mädchen schlafen bei mir im Zimmer, und nicht einmal im Schlaf finden sie Ruhe. Ich bin völlig verzweifelt, wenn ich sehe, wie sie gleichsam auf dem Sprung liegen, bereit, bei dem geringsten Geräusch aufzuwachen. Ihre Mutter ist ein tapferer Mensch. Sie bemüht sich, nicht zu verzweifeln, obwohl sie nicht weiß, wo ihr Mann ist und ob sie ihn jemals wiedersehen wird. Manchmal versucht ihr Mund sogar zu lächeln, aber ihre Augen – die können nicht mehr lachen. Ich glaube, sie haben zuviel gesehen, diese Augen.

Ihr Junge, Michael, ist mit Jerker im gleichen Alter und wohnt mit ihm zusammen. Ihm sind die schweren Erlebnisse am wenigsten anzumerken, und ich höre ihn und Jerker oft richtig lustig lachen. Aber das Sichere und Freimütige, das Jerker in seinem Wesen hat, das fehlt Michael.

Kajsa, glaubst Du, daß es jemals so in der Welt werden wird, daß *alle* Kinder in Sicherheit leben können? Wir müssen daran glauben, wir alle müssen versuchen, daran mitzuarbeiten, – wie sollte man sonst das Leben ertragen?

Es wird ein trauriger Brief, aber trotzdem kann er nicht halb so traurig sein, wie ich selbst mich fühle. Verzeih mir!

Gestern veranstalteten wir einen kleinen musikalischen Abend, um unsere Gäste zu zerstreuen. Mama spielte, und die kleinen Flüchtlingsmädchen spielten auch, vierhändig. Und dann sangen wir, so wie wir es zu Hause gewohnt sind. Mama und ich und Jerker singen erste Stimme, Majken und Svante zweite und Papa dritte. Unter anderem sangen wir (Du kennst es bestimmt):

> Freut euch des Lebens,
> weil noch das Lämpchen glüht,
> pflücket die Rose,
> eh' sie verblüht.

Als wir geendet hatten, war es lange sehr, sehr still. Nur unser lieber Gast, die tapfere Mutter, schluchzte. O Kajsa, ich habe noch nie einen Menschen so weinen hören! Ich werde es im Ohr behalten, solange ich lebe. Und ich wünsche so brennend, so von ganzem Herzen, das Leben möchte dieser Frau eines Tages doch wieder Rosen an den Weg stellen, die sie glücklich und in Frieden – und mit einem Lächeln in den Augen – pflücken darf.

Morgen fahren sie von hier fort, an einen anderen Ort. Dort bleiben sie wieder eine Zeit, bis sie endlich irgendwo für immer bleiben können. Kein Zuhause zu haben, nicht das allerengste kleine eigene Heim – ich kann mir kein traurigeres Schicksal vorstellen. Und wenn ich mich dann in meinen gemütlichen, sicheren vier Wänden umsehe, dann empfinde ich dafür eine so starke, große Zärtlichkeit, daß es mir richtig im Herzen wehtut. Die Möbel sind nicht neu, es ist hier keine Eleganz, mit der man protzen könnte, aber es ist eine Heimat, ein lebendiges Heim und ein sicherer Platz im Dasein.

Gute Nacht, liebe Kajsa! Jetzt krieche ich unter meine Bettdecke, um mich richtig auszuweinen. Das tut mir not.

Deine getreue Britt-Mari

16. März

Hallo, Kajsa!

Hat es schon angefangen, Frühling zu werden – in Stockholm? Ich werde mich hüten, zu behaupten, daß bei uns Frühling ist. Aber es hat angefangen zu matschen, und das ist immer der erste Schritt in die rechte Richtung. Und manchmal klappt der Himmel die reinste Farbenmusterkarte auf, als wolle er uns davon überzeugen: Ja, ja es wird auch in diesem Jahr Frühling, seid nur nicht bange!

Frühling! Frühling! Ich muß es zweimal schreiben, nur weil das Wort selbst schon so freundlich aussieht. Und ich muß mich beeilen, es zu schreiben – wer weiß, ob nicht morgen schon der Schneesturm des Jahrhunderts mit einem neuen Kälterekord für den Monat März aufwartet.

Das Leben ist voller Schrecken, bestimmt! Gestern begab es sich, als wir uns zum Mittagessen niedersetzen wollten, daß in unserer fröhlichen Schar Jerker vermißt wurde. Besonders ungewöhnlich ist es ja nicht, denn wenn jemals ein Junge in freier Wildbahn, »ohne Uhr, ohne Zwang und ohne Verpflichtungen«, glücklich aufgewachsen ist, so ist es Jerker. Als sich aber der Uhrzeiger der Sieben näherte, begann Mama, unruhig zu werden, und Svante und ich wurden als Kundschafter ausgeschickt. Aber nein, in Stadt und Umgebung war kein ungewöhnlich zahnloser Junge gesichtet worden. Wir waren gezwungen, wieder nach Hause zu gehen und Mama unseren Mißerfolg zu berichten. Sie fing sofort an zu weinen. Majken sagte so streng, wie sie konnte:

»Laß das Weinen! Der Junge wird bald hier sein. Er geht nicht verloren. Ich hoffe nur, meine Kräfte werden ausreichen, ihn anständig zu verprügeln, wenn ich auch den ganzen Tag gebacken und schwer geschuftet habe.«

Als es aber neun wurde, begann auch ich, eine aufkeimende Angst zu fühlen. Papa und ich begaben uns jetzt auf die Suche. Svante hatte keine Zeit, er mußte seine Schulaufgaben machen. Beinahe eine Stunde lang liefen wir umher und befragten alle, die wir in der Stadt trafen. Schließlich zitterten mir die Knie derartig, daß ich kaum noch laufen konnte. Da begegneten wir einem Kollegen von Papa, und der warf beiläufig ins Gespräch:

»Ich hörte, es sollen Zigeuner in der Stadt sein.«

»Die Sache geht klar«, sagte ich. »Komm, Papa, wir wollen hingehen und ihn holen.«

Das Zigeunerlager war im südlichen Teil der Stadt. Man konnte es auf mehrere hundert Meter Entfernung hören. Pferde wieherten, Männer fluchten, Frauen schimpften, und Kinder schrien. Es wimmelte nur so von schwarzhaarigen Jungen und Mädchen. Papa sah in alle Zelte, und in einem saß Jerker mit Augen, die vor Begeisterung blank und glänzend waren. Wie man deutlich sah, war er der Freund von einem halben Dutzend Zigeunerkindern. Und es war jammervoll anzusehen, wie seine Begeisterung dahinstarb, als er uns erblickte. Er kam zu uns gelaufen und sah recht ängstlich aus.

»Habt ihr schon zu Mittag gegessen?« fragte er.

»Ja«, sagte ich. »Nur in äußersten Notfällen essen wir um zehn Uhr abends zu Mittag.«

»Ist Mama traurig?« erkundigte er sich bekümmert.

»Ja, was glaubst du denn?« erwiderte Papa.

Da schoß Jerker davon wie ein Pfeil, und als Papa und ich nach Hause kamen, lag er bereits in den Armen seiner weinenden Mutter. Majken wollte ihn gern wenigstens »ein bißchen« verprügeln, aber Mama sah Jerkers Rettung vor tausend Toden als etwas Unerklärliches, Wunderbares an, das sie veranlaßte, lieber in die Küche zu gehen, um ihm endlich etwas zu essen vorzusetzen. Kalbsbraten und Kartoffeln und Soße und Salzgurke und Butterbrot und Rhabarbercreme – alles verschwand mit bemerkenswerter Geschwindigkeit in seinem zahnlosen Mund.

»So ist es recht«, sagte Svante. »Der verlorene Sohn kehrt heim, und ihm wird nach Brauch und Sitte ein gemästet Kalb vorgesetzt.«

Ja, das Leben *ist* voller Schrecken. Unser alter Gärtner Olle ist gestorben. Er war ein Vetter von Alida und nicht ganz richtig im Kopf, aber ein herzensguter Kerl und trotz seiner geistigen Beschränktheit sehr philosophisch. Ich betraure ihn, wie man einen Menschen betrauert, den man sein ganzes Leben lang um sich gehabt hat. Einmal vor langer Zeit zimmerte er mir ein Puppenbett – das werde ich nie vergessen.

Alida hat ihn aus aufrichtigem Herzen beweint, teils weil sie mit ihm verwandt war, teils weil sie so gern weint. Sie hat auch Trauerkleidung angelegt. Aber neulich, als sie in der Küche am Herd stand und Fleisch in der Pfanne hatte, packte sie ein entsetzlicher Gedanke, und sie rief:

»Bin ich denn verrückt? Jetzt, wo Olle gestorben ist, habe ich rote Hosen an!«

Danach brach sie in bittere Tränen aus, und wenn Olle sie gesehen hätte, sicher hätte er, wie so oft in seinem Leben, gesagt:

»So ist es recht! Frauen *müssen* weinen.«

Der dritte Schreck kam heute, und er war so unangenehm, daß ich kaum davon erzählen möchte. Ich hatte für Mama etwas besorgt, und als ich auf dem Heimweg an dem Haus vorbeikam, in dem Mariann wohnt, stand Stig Henningson in der Haustür.

»Hallo, Britt-Mari!« rief er. »Mariann möchte dich gern sprechen.«

Mir kam das eigentümlich vor, denn ich hatte doch erst kurz zuvor mit Mariann in der Schule gesprochen. Aber ich stiefelte trotzdem die Treppen hinauf, um zu hören, was sie von mir wollte. Stig folgte mir. Du besinnst Dich wohl, er wohnt bei derselben Wirtin wie Mariann. Wir gingen in die Wohnung. Aber keine Mariann war zu sehen – übrigens auch kein anderer Mensch.

»Sie ist in meinem Zimmer«, sagte Stig.

Ich weiß nicht, ob ich es glaubte. Ich ging jedenfalls hinein und wollte nachsehen. Das Zimmer war leer.

»Da wird sie wohl wieder gegangen sein«, bemerkte Stig. Und dann schloß er die Tür hinter sich.

»Ich finde, du bist wirklich süß, Britt-Mari«, sagte er, gegen die Tür gelehnt.

»Mich interessiert es nicht, was du findest«, fuhr ich ihn an. »Laß mich raus!«

»Nicht so eilig«, lachte er. »Wir können uns doch wohl erst ein Weilchen unterhalten.«

»Es gibt nichts, worüber ich mich mit dir unterhalten möchte«, antwortete ich. »Und jetzt gehe ich.«

»Das glaube ich nicht«, sagte er mit einem infamen Lächeln und kam auf mich zu. »Du mußt nicht so spießbürgerlich sein, Britt-Mari. Was sollen die Männer von dir denken, wenn du nicht etwas freundlicher und anschmiegsamer wirst?«

»Ich glaube nicht, daß du beurteilen kannst, was Männer denken oder nicht«, schrie ich wütend. »Du selbst kläffst jedenfalls nur wie ein schmutziger junger Hund!«

Mit diesen Worten ging ich auf die Tür zu. Er packte mich, aber Svante und ich haben schließlich nicht ganz umsonst zusammen Jiu-Jitsu geübt. Und dann beherrscht man ja auch noch einige selbsterfundene Griffe.

Ich kam los und stürzte aus der Tür, wütend wie eine Spinne und mit zerzausten Haaren. In diesem Augenblick kam Aake nach Hause. Er wohnt auch dort. Frau Lindberg, mußt Du wissen, hat nämlich fast schon ein Schülerhotel.

Am liebsten hätte ich Aake gebeten, Stig eine Abkühlung zu geben, aber, mag der nette kleine Aake sein, wie er will, ein streitbarer Held ist er nicht. Deshalb lief ich ohne ein Wort an ihm vorbei.

Ich kochte vor Wut. Wenn ich nicht überkochen sollte, war ich gezwungen, jemandem mein Herz auszuschütten, und darum erzählte ich Svante alles, als ich nach Hause kam.

»Geh raus und schlag ein paar Bäume um«, sagte er, denn er sah, daß ich ein Ventil für meine Wut nötig hatte. Aber daß er selbst mindestens genauso wütend war wie ich, das tat mir innerlich wohl.

»Daß man aber auch erst vierzehn Jahre alt ist«, seufzte er. »Sonst würde ich dem Strolch gehörig die Leviten lesen.«

»Mach dir meinetwegen keine Sorgen«, sagte ich. »Früher oder später werde ich schon selbst mit ihm abrechnen.«

Das Leben ist voller Schrecken! Kajsa, glaub den Worten

Deiner hartgeprüften

Britt-Mari

Was habe ich gesagt, Kajsa? Was? Habe ich gesagt, daß das Leben voller Schrecken sei, oder nicht? Ich wußte ja selbst nicht, wie recht ich damit hatte.

Kannst Du verstehen, warum man nicht froh sein darf? Wenn es doch so schön ist, froh zu sein, und so traurig, traurig zu sein! Sicher ist es deshalb, damit man geläutert wird. Ich bin geläutert.

Es ist vielleicht besser, wenn ich meine Worte etwas näher erkläre. Du wunderst Dich wohl, was geschehen sein kann? Oh, es ist nur, daß mein ganzes Leben zerstört ist, weiter nichts. Sonst ist nichts Besonderes geschehen. Keine Naturkatastrophen oder Morddramen, soweit mir bekannt ist. Die anderen Menschen gehen alle umher und sehen aus, als sei die Welt ein ausgesucht schöner Ort. Und nur ich bin es, die die bittere Wahrheit kennt: Sie ist ein jämmerlicher Ort.

Du hast richtig geraten! Ich habe Liebeskummer! So etwas kann man nur einer Gleichaltrigen anvertrauen. Erwachsene können in ihrem ganzen Leben nicht verstehen, daß man, wenn man erst fünfzehn Jahre alt ist, um seiner Liebe willen zu Tode verzweifelt sein kann. Sie sollten es nur einmal am eigenen Leibe erfahren! Wie weh einem dann das Herz tut, meine ich. Ich glaube, mein Kummer würde bei einem Vergleich mit den allerberühmtesten Liebestragödien nicht schlecht abschneiden.

Bertil kümmert sich nicht mehr um mich. Jawohl, da steht es jetzt! Schwarz auf weiß. Bertil kümmert sich nicht mehr um mich. Nur sieben kleine Worte und doch so schwer zu schreiben.

Es ist, als hätten wir nie zusammen den Mond angesehen oder wären nie zusammen in der Natur umhergestreift oder hätten nie zusammen getanzt oder wären nie zusammen Ski gelaufen. Ich überlege schon, ob ich nicht alles nur geträumt habe.

Wenn ich abends in mein Bett gekrochen bin, liege ich da

und quäle mich selbst: Warum, warum, warum – um aller Heiligen willen? Warum sieht er mich nicht mehr?

Ich habe versucht, ihn allein zu treffen, um ihn geradeheraus danach zu fragen, aber er weicht mir absichtlich aus. Und treffen wir uns zufällig, dann verbeugt er sich eiskalt und geht vorbei. Und ich gehe dann nach Hause und betrachte mich im Spiegel, um zu sehen, ob ich schon graue Haare finde.

Wenn er nun wirklich eine andere gefunden hat, die ihm besser gefällt, so, meine ich, könnte er es mir ruhig sagen. Er, der doch den Wahlspruch hat: Treu sein ist alles, und der so aufrichtig ist ... Er kann sich einfach nicht so benehmen. Und er tut es trotzdem. Ich möchte wissen, warum – ach, nun fange ich schon wieder an!

Manchmal sage ich mir selbst ganz energisch: Hast du denn keinen Stolz? Läufst rum und machst dir Kummer wegen eines Menschen, der dich so behandelt?

Und dann antworte ich mir selbst ganz geknickt: Nein, ich habe keinen Stolz, nicht den allerkleinsten.

Genug davon! Man muß wohl trotzdem weiterleben. Ich laufe zwischen meinen Angehörigen umher und versuche auszusehen, als wäre nichts geschehen. Ich bin sogar netter als sonst, damit niemand Verdacht schöpft. Aber Papa sieht mich manchmal forschend an. Und neulich, als ich ausgelassener und lustiger war als je zuvor, sagte Mama besorgt:

»Britt-Mari, warum bist du eigentlich so traurig?«

Man ist also doch nicht die große Schauspielerin, die zu sein man sich einbildet.

Und es gab einen Platzregen in meinem Zimmer, als ich mich danach ausweinte. Denn wenn es etwas gibt, was ich nicht aushalte, so ist es, daß Menschen Mitleid mit mir haben. »Herzliches Beileid« also verbeten! Das gilt auch für Dich, und vergiß es nicht, Kajsa!

Aber gestern war erster April, und man kann nicht gut wie eine Priesterin der Trauer einhergehen, wenn die übrige Geschwisterschar aus dem Häuschen ist. Svante hatte sicher die ganze Nacht wachgelegen, um sich die verschiedensten

Aprilscherze auszudenken. Er mußte erst mittags in die Schule und begann deshalb bereits in aller Frühe.

Wir haben zwei Telefone im Haus, Papa muß nämlich einen Anschluß ganz für sich allein in seinem Zimmer haben. Gegen neun Uhr klingelte der Apparat in der Diele. Majken hob den Hörer ab.

»Hallo«, sagte ein bärtige Männerstimme. »Hier ist die Prüfstelle. Wir wollen nur den Apparat durchprüfen. Würden Sie bitte einmal ›Ah‹ sagen.«

Majken hatte sicher vergessen, was für ein Tag war, denn sie sprach gehorsam nach: »Ah.«

»Lauter, bitte«, sagte die Prüfstelle.

»Ah«, sagte Majken mit erhöhter Stimme.

»Noch lauter«, wünschte die Prüfstelle.

»Ah«, schrie Majken mit einer Stimme, als gäbe sie einem gesammelten Heer das Kommando zum Angriff.

»Sehr gut!« sagte die Prüfstelle. »Nun strecken Sie bitte die Zunge heraus.«

»Was soll ich jetzt?« fragte Majken völlig verwirrt. »Was sollen die Dummheiten?«

Da kicherte die Prüfstelle und sagte mit Svantes ungezogener Stimme: »April, April!«

Dieses Telefongespräch hatte Majken schwer mitgenommen, und sie schwor, an Svante Rache zu nehmen. Bald sollte ich auch an der Reihe sein, ihm Rache gutzuschreiben.

Als ich nachmittags nach Hause gekommen war und friedlich bei meinen Schularbeiten saß, klingelte es. Ich ging hin und öffnete. Vor der Tür stand ein kleiner Junge, der Folke heißt. Folkes Mutter ist Reinmachefrau bei meiner Direktorin und wohnt in demselben Haus wie sie. Und nun sagte Folke zu mir, daß »Britt-Mari sofort zur Direktorin kommen möchte«.

Selbstverständlich war ich mißtrauisch und fragte:

»Warum schickt sie dich denn – sie kann doch anrufen?«

»Ihr Telefon ist aber kaputt«, sagte Folke.

Da ging ich natürlich. Schmutzig und matschig war es auf den Straßen, und der Weg zur Direktorin ist ziemlich weit.

Und ich ging und ging und überlegte bei jedem Schritt, was ich wohl angestellt hätte. Böse genug mußte es sein, wenn mich die Direktorin so dringend sprechen wollte.

Ich klingelte, und Fräulein Lund öffnete mir sogar persönlich. Nach einem ordentlichen Knicks sah ich sie fragend an – und sie sah mich fragend an.

»Was hast du auf dem Herzen, Britt-Mari?«

»Ich dachte, Sie wünschten mich zu sprechen, Fräulein Lund?«

»Nein, das wünschte ich nicht. Aber vielleicht wollte dich der erste April sprechen«, lächelte sie.

Wehe dir, Svante, wehe dir, wenn ich dich erwische, dachte ich bei mir, denn jetzt zweifelte ich keine Sekunde länger, daß er hier der Anstifter war. Ich stammelte, so gut ich es vermochte, eine Entschuldigung, und das Ergebnis war, für mich völlig überraschend, eine Einladung zum Kaffee. Da es außerdem Torte bei ihr gab, war der Aprilscherz daneben geraten (finde ich, weil ich es doch nur nett hatte). Aber Rache sollte selbstverständlich doch geübt werden.

Ich ging nach Hause, und Majken und ich steckten unsere klugen Köpfe zusammen. Aber es war uns nicht möglich, eine gute Art von Rache zu finden.

Da geschah es, daß Mama nach dem Essen Svante mit einem Buch zu Tante Lila schickte. Mit Tante Lila ist es nun so: Sie ist unerhört nett und lieb, aber sie schwatzt so gesegnet. Und dann besitzt sie viel zuviel Familienalben, deren Photos sie viel zu gern zeigt. Ich habe es einigemal erdulden müssen. Deshalb weiß ich jetzt, daß es Blinddarmentzündung war, die ihren Vetter Albert auf das Sterbelager warf, und daß eine heftige Lungenentzündung Tante Klara dahinraffte. Sie hat sowohl Klara als Albert in verschiedenen Photos getreulich aufbewahrt – neben ungefähr fünfundneunzig anderen Verwandten, die alle in ihren Alben kleben.

Nachdem Svante, nicht ohne mancherlei Geknurre (denn er fürchtet das Gerede von Tante Lila wie die Pest), gegangen war, flammte ein Genieblitz in meinem Hirn auf, und ich sah den Weg vor mir erhellt. Ich stürzte ans Telefon und rief Tante Lila an und erzählte ihr, daß Svante mit einem Buch auf dem Weg zu ihr sei.

»Tantchen, du weißt doch, wie schüchtern Svante ist«, fuhr ich fort. »Nun ist das so: Er möchte dich so rasend gern um eine Gefälligkeit bitten, aber sicher wird er es nicht wagen, dich selbst darum zu bitten.«

»Sososo«, gluckste Tante Lila, »was will er denn?«

»Ach, Tantchen, du wirst es verstehen – er würde so schrecklich gern einmal die herrlichen Photoalben sehen, von denen ich ihm so viel erzählt habe. Aber du wirst ja leider keine Zeit haben, sie ihm zu zeigen, Tantchen?«

»Aber – aber natürlich, natürlich habe ich dafür Zeit«, sagte Tante Lila schnell. »Es wird mir selbst ein Vergnügen sein.«

»Danke, vielen Dank, liebes Tantchen«, sagte ich. »Und noch etwas, wenn du schon so lieb sein willst: Kümmere dich nicht darum, wenn er energisch ablehnt. Das tut er nur, weil er glaubt, er müsse es aus Höflichkeit tun.«

Dann warfen Majken und ich uns in die Mäntel. Und so lustig wie in der nächsten Stunde war ich nicht mehr, seit ich als kleines Kind das allererste Mal im Zirkus war. Ich vergaß alles um mich her, sogar mein gebrochenes Herz.

Tante Lila wohnt im Parterre und hatte ihre Jalousien noch nicht heruntergelassen. Wir konnten also unser unglückliches Opfer gut beobachten. Da saß er und drehte sich hin und her, wetzte auf dem Stuhl herum, und neben ihm saß Tante Lila – mit fünf Photoalben, die sie langsam, von Deckel bis Deckel, durchblätterte. Manchmal legte sie beim Blättern eine Pause ein, und wir begriffen durchaus, daß dann ein Vortrag über einen der vielen bemerkenswerten Verwandten fällig war.

Nach einer guten Stunde schwankte Svante aus dem Haus, und wir hörten, wie Tante Lila ihm noch aus der Tür nachrief, daß Vetter Albert, wenn er früher zum Arzt gegangen wäre, heute noch leben könnte.

Als Svante ungefähr fünfundzwanzig Meter gegangen war, schlichen wir beide näher und nahmen ihn in unsere Mitte.

»Kleiner, süßer Svante«, sagte Majken, »daß du dich so für Photoalben interessierst, wußte ich ja gar nicht.«

»Hat, Schurke, deine Stunde endlich nun geschlagen? Haha!« zitierte ich sehr frei, aber sehr dramatisch aus irgendeinem berühmten Stück.

Dann hakten wir ihn unter und schleppten ihn im Triumph nach Hause. Er versuchte, sich zu wehren, aber was konnte er schon gegen zwei mannhafte Frauenzimmer ausrichten?

Und, zu Hause angekommen, trugen wir ihn in sein Zimmer und stopften ihn, wie er war, mit Kleidern usw. in sein Bett. Dann setzten wir uns vorsichtig auf ihn und sagten gemeinsam: »April, April!«

Wir hatten Rache genommen.

Aber heute haben wir den zweiten April, und es ist trostloser als je zuvor. In meiner Verzweiflung habe ich mich zu etwas hinreißen lassen, wovon ich sonst gar nichts halte. Wenn Du mir versprichst, darüber zu schweigen, werde ich Dir davon berichten.

Ich bin bei einer Wahrsagerin gewesen!

Du weißt, wenn es auf unseren Wegen dunkel wird und die Sterne der Hoffnung uns kein Licht mehr spenden wollen, dann versuchen wir, im Übernatürlichen Klarheit zu finden.

Ich will selbstverständlich damit nicht sagen, daß die Krause Tilda direkt übernatürlich ist. Übernatürlich schmutzig ist sie – aber das ist auch das einzige Übernatürliche an ihr. Und doch, dachte ich, zeichnet der dürre Zeigefinger des Schicksals vielleicht etwas für mich in ihre klebrigen Kartenblätter. Nur deshalb überredete ich Anna-stina, mitzugehen – es war übrigens nicht besonders schwer.

Die Krause Tilda wohnt in einem kleinen, kleinen baufälligen Häuschen am Außenrand der Stadt in einer

Gegend, die gewöhnlich »Das Elend« genannt wird. Dort sind unsere Slums, und es ist da wohl fast so malerisch wie bei Euch in der Alten Stadt. Die kleinen Häuschen lehnen sich aneinander. Das ist nicht unpraktisch: So können sie nicht umfallen. Und hier wohnen, wie Du Dir denken kannst, nicht gerade die Oberen Zehntausend unserer Stadt. Dort haust eine besonders komplette Sammlung malerischer Strolche, und unser Bürgermeister sagt, wenn »Das Elend« nicht wäre, dann wäre in der Stadt die Polizei überflüssig.

Dorthin also lenkten wir unsere Schritte, als die Dunkelheit sich herniedergesenkt hatte und die Straßenlaternen angezündet waren. Aber es ist schlecht bestellt mit Straßenlaternen im »Elend«, und mir war tatsächlich etwas gruselig zu Mute. Ich griff in meine Manteltasche, um zu fühlen, ob ich mein Geld noch hatte.

Wir atmeten erleichtert auf, als wir endlich den Korridor bei der Krausen Tilda erreicht hatten, wo man mit Mühe und Not gerade noch aufrecht stehen konnte. Zaghaft, aber voller Spannung, klopften wir an ihre Tür. Nach einer Weile steckte die Krause Tilda vorsichtig den Kopf heraus, und ich fuhr erschrocken zurück. Wenn Du ein wirkliches Musterexemplar von Wahrsagerin sehen willst, dann geh zur Krausen Tilda. Krumm und hakennasig und dreckig, Kautabaksauce in den schiefen Mundwinkeln, eine krächzende Stimme – so ist sie. Und alle Requisiten, die dazugehören, hat sie auch: drei schwarze Katzen, den Kaffeesatz auf dem Herd und ein schmieriges Kartenspiel auf dem Tisch, der im übrigen vollgeladen war mit Kaffeetassen, Bierflaschen, Kartoffelschalen und allerhand Kram.

Mir wurde zuerst prophezeit! Die Alte fegte eine Ecke des Tisches mit dem Arm frei und legte einen »Stern«.

»Täubchen«, sagte sie in einem Tonfall, daß es wie ein Schimpfwort klang, »du wirst reich heiraten.«

Ha, dachte ich, sie weiß nicht, daß ich in der Blüte meiner Jugend an gebrochenem Herzen sterben muß!

»Ein dunkler Mann kommt in dein Haus«, sagte sie.

Das ist der Bierkutscher, dachte ich, sagte aber nichts.

»Große Irrtümer liegen zwischen dir und deiner Liebe«, sagte sie.

»Was für welche?« schrie ich. »Was für Irrtümer?«

»Täubchen«, sagte Krause Tilda, nochmals in einem Ton, daß ich zusammenzuckte, »nicht fragen! Zu gegebener Zeit wird alles erleuchtet.«

Dann sprach sie noch eine Menge von einem Brief, der über das Wasser kommen sollte, und einem rosigen Weg, den ich gehen dürfte. Mich interessierten aber nur die Irrtümer, von denen sie gesprochen hatte. Während des ganzen Heimweges grübelte ich darüber nach, und Annastina war richtig verletzt, weil ich nicht an ihrer Freude darüber teilnahm, daß sie sich mit einem hochgestellten Mann verheiraten sollte.

Irrtümer – glaubst Du, das könnte es sein?

Darüber denkt nach

ein sehr betrübtes Täubchen.

17. April

Liebe Kajsa,

es ist Frühling! Es ist Frühling! Es dürfte der schönste Frühling in der Geschichte des Menschengeschlechtes sein, dessen bin ich sicher, oder jedenfalls in Britt-Mari Hagströms Geschichte – um allen Übertreibungen einen Riegel vorzuschieben.

War ich es, die in jungen Jahren an gebrochenem Herzen sterben wollte? Liebste, das ist aufgeschoben worden! Erheblich aufgeschoben! Das Herz weigert sich einfach, in dieser Zeit des Jahres zu brechen. Wie kann es auch brechen, wenn an jedem Morgen die Stare draußen vor meinem Fenster im Apfelbaum so lebenslustig zwitschern und

Krokus und Schneeglöckchen überall ihre Köpfe in die Sonnenstrahlen recken!

Nun ja, wenn ich ganz ehrlich sein will, kann ich nicht allein die Stare und die Krokus dafür verantwortlich machen. Bertil hat natürlich auch einen kleinen Anteil an der Verbesserung.

Die Krause Tilda hatte recht. Es war ein Irrtum. Oder vielleicht könnte man besser von einer Freveltat sprechen. Kann ich Dir zumuten, das anzuhören?

Also weißt Du, gerade als ich die Grenze erreicht hatte, an der man sich überlegt, was besser ist: ins Wasser zu gehen oder einige hundert Gramm prima Rattengift zu schlucken, kam Svante in mein Zimmer gestürzt – das war gestern abend.

Er fletschte die Zähne, stampfte umher wie ein wilder Stier und tobte:

»Dieser Schuft, dieser Strolch, dieser Ehrabschneider.«

»Wer?« fragte ich.

»Stig Henningson!«

»Warum, um Himmelswillen, warum?« fragte ich weiter.

Und dann erfuhr ich es. Ich hoffe, daß wir schon so weit Freunde sind, daß auch Dich ein Gruseln überläuft, wenn ich es Dir jetzt erzähle.

Stig Henningson ist zu Bertil gegangen und hat ihm schmutzige Dinge über mich erzählt. Du erinnerst Dich, er lockte mich damals in sein Zimmer. Zu Bertil hat er gesagt, ich wäre in voller Absicht zu ihm gekommen, freiwillig, und ich wäre so eine, »der man nicht trauen könne«. Bertil glaubte ihm natürlich nicht, aber da holte Stig Aake als Zeugen dafür, daß ich aus seinem Zimmer gekommen sei. Jetzt, da ich diese Zeilen schreibe, tobt es in mir wie im Vesuv kurz vor einem Ausbruch. Ich kann noch immer nicht fassen, daß eine derartige Schmutzigkeit möglich ist.

Aake hat das alles Svante erzählt. Armer Aake, er war über die ganze Geschichte völlig verstört.

Nachdem Svante unter schauerlichen Flüchen mir alles berichtet hatte, was er wußte, saß ich da, als hätte ich mit einer Keule einen Schlag über den Schädel bekommen. Aber allmählich begann es, in mir wehzutun. Ich war verwundet, verwundet bis ins Mark, weil Bertil derartige Dinge von mir hatte glauben können und weil er nicht mit mir darüber gesprochen, sondern mich ungehört verurteilt hatte.

»Weshalb hat man nur in seiner Jugend nicht mehr Spinat gegessen? Dann wäre man jetzt so stark wie Popeye*«, jammerte Svante. »Ich kann ihn nicht verprügeln, und wenn ich es noch so gern möchte.« Aber plötzlich setzte er hinzu: »Jetzt gehe ich zu Bertil.«

»Das tust du nicht!« schrie ich und sprang auf, denn ich war voller Bitterkeit und Zorn und dachte, es sei für Bertil nur gut, die Wahrheit erst dann zu erfahren, wenn ich auf der Bahre läge: bleich, schön, zerbrochen – vorzeitig, um meiner jungen Liebe willen.

Aber Svante hatte andere Pläne. Er zog sich die Mütze energisch ins Gesicht und lief in die Frühlingsstimmung hinaus, obwohl ich ihm von der Treppe aus nachschrie, er solle es bleiben lassen. Als ich vom Schreien blau im Gesicht war, gab ich es auf.

Das also war gestern abend. Inzwischen haben sich, wie Alida zu sagen pflegt, »große Dramen« abgespielt. Der letzte Akt wurde vorhin auf unserer Bank an der Flußkrümmung aufgeführt. Aber da war der Schurke des Dramas nicht mehr dabei, da waren nur noch wir zwei.

Und das war folgendermaßen:

Nachdem ich den ganzen Tag über mit Svante gemault hatte, weil er gestern abend zu Bertil gelaufen war, beschloß ich spazierenzugehen, um meine ausgefransten Nerven etwas zu beruhigen und – nun ja: vielleicht hoffte ich, Eine Gewisse Person zu treffen. Außerdem war der Himmel

* Amerikanischer Trickfilmheld, der durch das Essen von Spinat seine Kraft erhält.

apfelgrün, und die Weiden unten am Fluß prangten in vollstem Schmuck.

Ich traf ihn – genau an der Flußkrümmung. Und Du hast noch nie einen Menschen gesehen, der so unglücklich aussah wie er, als er mich darum bat, ihm zu verzeihen, daß er an mir gezweifelt habe. Er sagte, es sei ja gerade deswegen gewesen, weil ihm eben die Treue über alles gehe, daß er wie von Sinnen gewesen sei, als Stig ihm das da alles erzählt habe.

Ich hörte kaum, was er sagte. In mir sang und klang es, und ich hätte ihm sogar verziehen, wenn er mich für Messalina oder eine andere der lasterhaften und verrufenen Frauen gehalten hätte.

Er hätte Stig getroffen, erwähnte Bertil, und mit ihm abgerechnet. Nach seinem Gesichtsausdruck zu urteilen, kann ich mir nicht denken, daß diese Abrechnung besonders angenehm für Stig ausgefallen ist.

Dann saßen wir dort auf der Bank. Eine Stunde. Zwei Stunden. Und redeten. Oh, wie wir redeten!

Plötzlich kam Svante vorbei und grinste, daß ihm der Mund bis fast an die Ohren reichte. Dann hob er grüßend die Mütze hoch in die Luft und sagte im Vorübergehen:

»Guten Abend! In diesem Monat gibt es sicher reichlich Honig!«

Honig im April! Alte Nuß, dachte ich, ohne es jedoch laut zu sagen, denn sonst hätte Bertil vielleicht gedacht, ich wäre doch nicht so nett und liebenswürdig, wie ich im Grunde bin.

Nachdem Svante einen Stein ins Wasser geworfen hatte und verschwunden war, sagte Bertil:

»Ich will Ingenieur werden.«

Er sagte es leichthin, wie um anzudeuten, daß er nur so nebenbei von seinen Zukunftsplänen spräche.

»Willst du?« sagte ich. »Ich glaube, es ist ein schöner Beruf – Ingenieur.«

»Aber einige Zeit wird es dauern«, sagte Bertil.

»Ja«, sagte ich, »es wird wohl einige Zeit dauern.«

Und als ich das sagte, fühlte ich mich so schrecklich glücklich und froh, und es machte mir gar nichts aus, wie viele Jahre es dauern würde. Denn jetzt, wo ich nicht mehr in der Blüte meiner Jugend zu sterben gedenke, habe ich ja so viele Jahre übrig. Und Bertil auch.

Nun weiß ich genau, was Du denkst: Das Mädchen ist total verdreht. Da ist sie nun gerade fünfzehn Jahre und faselt bereits davon, auf einen Jungen warten zu wollen, der Ingenieur werden will. Kindereien, denkst Du. Leugne es nicht!

Aber darauf muß ich Dir antworten: Erstens hat er mich gar nicht gebeten zu warten, und zweitens habe ich ihm nicht versprochen zu warten. Sei versichert, wir haben uns keine heiligen Eide geschworen. Und natürlich weiß ich ganz genau, daß ich noch eine Menge junger Männer treffen werde und er noch eine Menge junger Mädchen, bevor einer von uns beiden wirklich weiß, wer der Richtige ist. Ich weiß, so wird es werden, und es wird gut sein.

Und dann? Gibt es nicht Beispiele dafür, daß sich zwei Menschen schon in der Schulzeit gefunden haben und dann ein ganzes Leben lang zusammengeblieben sind?

Liebste Kajsa, denk einmal nach und sag, daß Du tatsächlich davon schon gehört hast! Ich verlange ja nicht, daß Du Beispiele dafür in Deinem nächsten Verwandtenkreis findest, aber ich denke, vielleicht besinnst Du Dich, daß es sich einmal, irgendwo in Europa, so im Anfang des neunzehnten Jahrhunderts, schon ereignet hat.

Und außerdem! Warum sollte man sich nicht einbilden können, was man will, wenn der Frühlingsabend so lau und lieblich ist und man selbst erst fünfzehn? Ist es denn nicht das unantastbare Recht der Jugend, träumen zu dürfen? Vielleicht wird das Leben meine Träume mit harten Fäusten zerschlagen – ich weiß es nicht, und es kümmert mich jetzt auch nicht. Denn gerade jetzt, verstehst Du, Kajsa, gerade jetzt ist es doch so herrlich zu leben!

Vor meinem Fenster steht der Frühlingsabend, der

blaueste aller blauen Frühlingsabende, den ich bis jetzt erlebt habe. Der Faulbaum hat große Knospen, der Apfelbaum drängt danach, seine Blütenknospen zu zeigen, und wenn ich die Nase aus dem Fenster stecke, dann merke ich, wie energisch alles nach Frühling riecht.

Das ganze Haus schläft bereits, aber die vorsorgliche, gepriesene Majken hat ein letztes kleines Feuerchen in meinem Ofen angemacht. Noch ist nämlich der Frühling nicht richtig bis in unser Haus gedrungen. Alles ist so still, so friedlich, so lieblich.

Kajsa, hast Du einmal daran gedacht, wieviel an Duft und Farben und Formen und Tönen es eigentlich gibt und wie schön es ist, die fünf Sinne zu besitzen, mit denen man das alles in sich aufnehmen kann? Ich erinnere mich nicht, meine Sinne jemals so voll bewußt gespürt zu haben wie jetzt an diesem Abend.

Und ich nehme:

den Duft vom ersten Schneeglöckchen,

von Monikas Nacken, wenn sie frisch gebadet ist,
vom brennenden Baum am Weihnachtsabend,
von frischgebackenem Weißbrot –

und verbinde das mit:

dem Knistern des Feuers an einem Herbstabend,
dem Streicheln von Mamas Hand, wenn man sehr
traurig ist,
dem Violinkonzert von Beethoven,
dem Ave Maria von Schubert,
dem Rauschen des Meeres,
dem Licht der Sterne,
dem leisen Glucksen des Bächleins,
dem verschmitzten Humor von Papa –

und füge außerdem noch ein klein wenig von allem Schönen, Guten und Lustigen auf dieser Welt hinzu – glaubst Du nicht auch, daß ich dann eine Mischung gefunden habe, die die allerbeste Medizin gegen Kummer und Schmerzen und Sorge und Not ist? (Man sollte sie in Krankenhäusern erproben!)

Jetzt glaubst Du sicher, ich sei übergeschnappt. Nein, Kajsa, ich bin nicht übergeschnappt, ich bin nur so unvorstellbar, wahnwitzig glücklich, und es ist herrlich, herrlich, HERRLICH, zu leben!

Als ich ganz furchtbar verzweifelt war, versuchte ich, mich damit zu trösten, daß es in einigen Billionen Jahren diese Erdkugel gar nicht mehr gibt und daß es dann ja nicht viel bedeutet, wenn der Britt-Mari Hagström in einem Frühling, als sie fünfzehn Jahre alt war, das Herz sehr, sehr weh getan hat. Ich versuchte außerdem, mir einzureden, daß nichts von Bedeutung sei. Aber ich wußte die ganze Zeit, daß das falsch war. Auch wenn mein Leben nur wie der allerkleinste Tropfen im Meer der Zeit ist, so ist es doch ungeheuer wichtig, daß ich glücklich bin und daß ich treu bin und zuverlässig, daß ich arbeite und daß ich das Leben liebe.

Glaubst Du das nicht auch?

Deine gerade jetzt intensiv lebende Freundin

Britt-Mari

P. S. Ja, Du hast recht: Richtig normal bin ich heute abend nicht. Verzeih mir!

P. P. S. Wirklich nicht normal!

P. P. P. S. Ich sah im Vorbeihuschen Stig Henningson, als ich nach Hause ging. Sein linkes Auge war blau wie ein prächtiges Veilchen, und Du darfst mir glauben, das stand ihm.

ASTRID LINDGREN

Das entschwundene Land

Von dem entschwundenen Land, dem Land ihrer glücklichen Kindheit, erzählt Astrid Lindgren in diesem Buch. Von dem Hof auf Näs, nahe der schwedischen Kleinstadt Vimmerby in Smaland, wo sie am 14. November 1907 geboren wurde. Von ihren Eltern, Samuel August von Sevedstorp und Hanna in Hult, deren Liebesgeschichte irgendwann im Jahre 1888 begann und ein ganzes Leben dauern sollte. Von den Spielen mit ihren Geschwistern, von Mägden und Knechten, von Armenhäuslern und Landstreichern und von dem grenzenlosesten aller Abenteuer, dem Leseabenteuer, das für sie eines Tages in einer armseligen kleinen Häuslerküche anfing, als sie zum erstenmal das Märchen vom Riesen Bam-Bam und der Fee Viribunda hörte.

VERLAG FRIEDRICH OETINGER HAMBURG

Lese-Abenteuer
Abenteuer Lesen

Werner J. Egli:
Bis ans Ende
der Fährte

dtv junior

dtv junior 70159 Ab 12

Scott O'Dell:
Ich und Poseidon

dtv junior

dtv junior 70287 Ab 12

Katherine Allfrey:
Das Haus
am Deich

dtv junior

dtv junior 70294 Ab 12

Elisabeth G. Speare:
Im Zeichen
des Bibers

dtv junior

dtv junior 70103 Ab 12

Käthe Recheis:
Kleiner Adler
und Siebenstern

dtv junior

dtv junior 70300 Ab 12

Erzählungen
für Jugendliche,
die Lesen
als Abenteuer
erleben.

Lese-Abenteuer
Abenteuer Lesen

Joan Aiken:
Wölfe ums Schloß

dtv junior

dtv junior 7146 Ab 12

Joan Aiken:
Verschwörung auf
Schloß Battersea

dtv junior

dtv junior 70101 Ab 12

Joan Aiken:
Ein Schaudern
auf der Haut

Neun mordsverrückte Geschichten

dtv junior

dtv junior 70238 Ab 14

Arthur Conan Doyle:
Sherlock Holmes
Das Zeichen
der Vier

dtv junior

dtv junior 70115 Ab 12

Schlag zwölf
beginnt
die Geisterstunde

Grusel- und Gespenstergeschichten
Herausgegeben von Käthe Recheis

dtv junior

dtv junior 7467 Ab 12

Erzählungen
für Jugendliche,
die Lesen
als Abenteuer
erleben.

Lisa Tetzner
bei dtv junior

Lisa Tetzner, geboren 1894 im sächsischen Zittau, schildert in ihrem neunbändigen Hauptwerk ›Die Kinder aus Nr. 67‹ das Schicksal junger Menschen, deren Leben durch Faschismus und Zweiten Weltkrieg aus den Fugen geraten ist. Die Autorin, bis dahin als Märchenerzählerin bekannt, schildert eindringlich und unmittelbar. Sie selbst und auch ihr Mann hatten Deutschland verlassen müssen und lebten im Exil in der Schweiz.

dtv junior 70050

dtv junior 70079

dtv junior 70186

dtv junior 70192

dtv junior 70197

Erzählte Geschichte

Der Alltag von einst,
packend erzählt,
für Jugendliche von
heute.
Hier wird Sozial-
geschichte lebendig.

An Rutgers:
Die Kinderkarawane

dtv junior

dtv junior 7181

Othmar Franz Lang:
Hungerweg

Von Tirol zum Kindermarkt in Ravensburg

dtv junior

dtv junior 70283

Karin Grütter
Annamarie Ryter

Stärker,
als ihr denkt

Ein Kapitel verschwiegener Geschichte

dtv junior

dtv junior 70227

Els Pelgrom:
Umsonst geht nur
die Sonne auf

Eine Erzählung über Kinderarbeit vor 100 Jahren

dtv junior

dtv junior 70189

Betty Sue
Cummings:
Auf nach Amerika

dtv junior

dtv junior 70222

dtv pocket
lesen – nachdenken – mitreden

dtv pocket.
Die Reihe
für Jugendliche,
die mitdenken
wollen.
Bei dtv junior.

John Branfield:
Ein Jahr
wie ein Leben

dtv junior

dtv pocket 7862

Lillian Rosen:
Greller Blitz und
stummer Donner

dtv junior

dtv pocket 7867

Katherine Paterson:
Aber Jakob
habe ich geliebt

dtv junior

dtv pocket 7863

Frances Thomas:
Lieber Klassenfeind

dtv junior

dtv pocket 7892

Norma Mazer:
Meinst du,
der Falke
hat uns gesehen?

dtv junior

dtv pocket 78006

dtv pocket
lesen – nachdenken – mitreden

dtv pocket.
Die Reihe
für Jugendliche,
die mitdenken
wollen.
Bei dtv junior.

Sheila Gordon:
Warten auf den
Regen

Ein Leben in Südafrika

dtv junior

dtv pocket 78038

Margaret I.
Rostkowski:
Ich kann es nicht
vergessen

junior

dtv pocket 78041

Daniella Carmi:
Die Explosion
in der Ahalanstraße

dtv junior

dtv pocket 78042

Jean Ure:
Erinnerung
an David

dtv junior

dtv pocket 78044

Cordula Zickgraf:
Mit einem Bein
im Leben

dtv junior

dtv pocket 78022